季羡林·沉思录

季羡林
文艺沉思录

季羡林 著

中国财经出版传媒集团
中国财政经济出版社

图书在版编目（CIP）数据

季羡林文艺沉思录 / 季羡林著. — 北京：中国财政经济出版社，2017.11
（季羡林沉思录）
ISBN 978-7-5095-7792-9

Ⅰ.①季… Ⅱ.①季… Ⅲ.①季羡林（1911—2009）—文艺思想 Ⅳ.①I206.7

中国版本图书馆CIP数据核字(2017)第252050号

出 版 人：黄　琦
项目统筹：党海鹏　王芝文
策 划 人：崔岱远
选 编 者：王佩芬
责任编辑：崔岱远
特约编辑：李　强　李　淼
装帧设计：刘　洋
责任印制：刘志豪
推广总监：张丽萍
责任校对：李　丽

中国财政经济出版社 出版

URL：http://www.cfeph.cn
E-mail：cfeph@cfeph.cn
（版权所有　翻印必究）
社址：北京市海淀区阜成路甲28号　邮政编码：100142
营销中心电话：88190406
北京新华印刷有限公司　各地新华书店经销
710×1000毫米　16开　19.25印张　270 000字
2017年11月第1版　2017年11月北京第1次印刷
定价：39.00元
ISBN 978-7-5095-7792-9
（图书出现印装问题，本社负责调换）
本社质量投诉电话：010-88190744
打击盗版举报热线：010-88190414　QQ：447268889

目录

谈创作

- 作文 …… 3
- 散文写作 …… 8
- 漫谈散文 …… 17
- 写文章 …… 25
- 我的处女作 …… 27
- 「言志」与「载道」 …… 32
- 要反映社会中的新风气 …… 35
- 写身边琐事 …… 38
- 谈中外散文 …… 45
- 文章的真髓 …… 50
- 谈序跋 …… 53

文学品读

获奖有感	58
写作《春归燕园》的前前后后	64
推荐十种书	75
我最喜爱的书	78
我和东坡词	84
唐常建的一首诗	89
漫谈刘姥姥	91
读朱自清《背影》	93
读《敬宜笔记》有感	97
读《人生宝典》	100
《烙印》（书评）	103

巴金著长篇小说《家》（书评） ………… 107
陆志韦白话诗第三集《申酉小唱》（书评） ………… 109
老舍的《离婚》（良友文学丛书第八种，书评） ………… 111
勃克夫人新著小说《诸子》（书评） ………… 113
《蒙田随笔全集》序 ………… 115
《往事琐忆》序 ………… 120
《把栏杆拍遍》序 ………… 123
《长歌当啸》序 ………… 126

文学批评

救救小品文 ………… 135
对中国散文的思考 ………… 138
关于神韵 ………… 143

篇目	页码
《关于神韵》一文的补遗	154
论新体旧诗	157
对于新诗的一些看法	159
漫话历史题材	163
现代中国文学史研究回顾	168
文学批评无用论	174
漫谈文学作品的阶级性、时代性和民族性	176
外国文学研究中的几个问题	178
我和外国文学	190
呼唤有中国特色的美学和文艺批评	199
必须加强对东方文学的研究——《东方文学简史》代序	203
近代德国大诗人薛德林早期诗的研究	211

现代才被发见了的天才
——德意志诗人薛德林 218

本年度诺贝尔文学奖金之获得者高尔斯华绥 236

《清代海外竹枝词》序 247

艺术漫谈

《科学与艺术的交融》读后感 251

知识分子的一面镜子
——看话剧《三人行》有感 255

喜看《沙恭达罗》重新公演 260

《京剧与中国文化》序 264

看《革命自有后来人》的一点感想 266

欢呼《芬芳誓言》 268

观潘维明摄影集《中国农家》	273
从魏德运先生的一张摄影谈起	275
《舞论集》序	277
《彭松书法集》序	282
喜看新疆石窟壁画展览	286
《世界十大史诗画库》序	288
《敦煌佛画》序言	290
《中国飞天艺术》序	292

谈创作

季羡林

作　文

一

当年，我还是学生时，从小学到大学，都有"国文"一门课，现在似乎是改称"语文"了。国文课中必然包括作文一项，由老师命题，学生写作。然后老师圈点批改，再发还学生，学生细心揣摩老师批改处，总结经验，以图进步。大学或其他什么学一毕业，如果你当了作家，再写作，就不再叫作文，而改称写文章，高雅得多了。

作文或写文章有什么诀窍吗？据说是有的。旧社会许多出版社出版了一些"作文秘诀"之类的书，就是瞄准了学生的钱包，立章立节，东拼西凑，洋洋洒洒，神乎其神，实际上是一派胡言乱语，谁要想从里面找捷径，寻秘诀，谁就是天真到糊涂的程度，花了钱，上了当，"赔了夫人又折兵"。

据我浏览所及，古今中外就没有哪一位大作家真正靠什么秘诀成名成家的。记得鲁迅或其他别的作家曾说过，"作文秘诀"一类的书是绝对靠不住的。想要写好文章，只能从多读多念中来。清代的《古文观止》或《古文辞类纂》一类的书，大概就是为了这个目的而编选的。结果是流传数百年，成为家喻户晓的书，我们至今尚蒙其利。

我从小就背诵《古文观止》中的一些文章，至今背诵上口者尚有几十篇。从小学一直到高中前半，写作文用的都是文言。在小学时，作文不知道怎样开头，往往先来上一句"人生于世"，然后再苦思苦想，写下面的文章。写的时候，有意或无意，模仿的就是《古文观止》中的某一篇文章。

在读与写的过程中，我逐渐悟出了一些道理。现在有人主张，写散文可以随意之所之，愿写则写，不愿写则停，率性而行，有如天马行空，实在是潇洒之至。这样的文章，确实有的。但是，读了后怎样呢？不但不如天马行空，而且像驽马负重，令人读了吃力，毫无情趣可言。

古代大家写文章，都不掉以轻心，而是简练揣摩，惨淡经营，句斟字酌，瞻前顾后，然后成篇，成为一件完美的艺术品。这一点道理，只要你不粗心大意，稍稍留心，就能够悟得。欧阳修的《醉翁亭记》，通篇用"也"字句，不是一个最明显的例子吗？

元刘壎的《隐居通议》卷十八讲道：古人作文，俱有间架，有枢纽，有脉络，有眼目。这实在是见道之言。这些间架、枢纽、脉络、眼目是从哪里来的呢？回答只有一个，从惨淡经营中来。

二

对古人写文章，我还悟得了一点道理：古代散文大家的文章中都有节奏，有韵律。节奏和韵律，本来都是诗歌的特点；但是，在优秀的散文中也都可以找到，似乎是不可缺少的。节奏主要表现在间架上。好比谱乐谱，有一个主旋律，其他旋律则围绕着这个主旋律而展开，最后的结果是：浑然一体，天衣无缝。读好散文，真如听好音乐，它的节奏和韵律长久萦绕停留在你的脑海中。

最后，我还悟得一点道理：古人写散文最重韵味。提到"味"，或曰"口味"，或曰"味道"，是舌头尝出来的。中国古代钟嵘《诗品》中有"滋味"一词，与"韵味"有点近似，而不完全一样。印度古代文论中有 rasa（梵文）一词，原意也是"口味"，在文论中变为"情感"（sentiment）。这都是从舌头品尝出来的"美"转移到文艺理论上，是很值得研究的现象。这里暂且不提。我们现在常有人说："这篇文章很有味道。"也出于同一个原因。这"味道"或者"韵味"是从哪里来的呢？细读中国古代优秀散文，甚至读英国的优秀散文，通篇灵气洋溢，清新俊逸，决不干瘪，这就叫做"韵味"。一篇中又往往有警句出现，这就是刘勰所谓的"眼目"。比如骆宾王《为徐敬业讨武曌檄》中的"一抔之土未干，六尺之孤何托！"两句话，连武则天本人读到后都大受震动，认为骆宾王是一个人才。王勃《滕王阁序》中有两句："落霞与孤鹜齐飞，秋水共长天一色。"也使主人大为激赏，这就好像是诗词中的炼字炼句。王国维说：有此一字而境界全出。我现在把王国维关于词的"境界说"移用到散文上来，想大家不会认为唐突吧。

纵观中国几千年写文章的历史，在先秦时代，散文和赋都已产生。到了汉代，两者仍然同时存在而且同时发展。散文大家有司马迁等，赋的大家有司马相如等等。到了六朝时代，文章又有了新发展，产生骈四俪六的骈体文，讲求音韵，着重词彩，一篇文章，珠光宝气，璀璨辉煌。这种文体发展到了极端，就走向形式主义。韩愈"文起八代之衰"，指的就是他用散文，明白易懂的散文，纠正了骈体文的形式主义。从那以后，韩愈等所谓"唐宋八大家"的文章，就俨然成为文章正宗。

但是，我们不要忘记，韩愈等八大家，以及其他一些家，也写赋，也写类似骈文的文章。韩愈的《进学解》，欧阳修的《秋声赋》，苏轼的前后《赤壁赋》等等，都是例证。

这些历史陈迹，回顾一下，也是有好处的。但是，我要解决的是现实问题。

三

我要解决什么样的现实问题呢？就是我认为现在写文章应当怎样写的问题。

就我管见所及，我认为，现在中国散文坛上，名家颇多，风格各异。但是，统而观之，大体上只有两派：一派平易近人，不求雕饰；一派则是务求雕饰，有时流于做作。我自己是倾向第一派的。我追求的目标是：真情流露，淳朴自然。

我不妨引几个古人所说的话。元盛如梓《庶斋老学丛谈》卷中上说："晦庵（朱子）先生谓欧苏文好处只是平易说道理。……又曰：作文字须是靠实说，不可架空细巧。大率七八分实，二三分文。欧文好者，只是靠实而有条理。"

上引元刘壎的《隐居通议》卷十八说："经文所以不可及者，以其妙出自然，不由作为也。左氏已有作为处，太史公文字多自然。班氏多作为。韩有自然处，而作为之处亦多。柳则纯乎作为。欧、曾俱出自然。东坡亦出自然。老苏则皆作为也。荆公有自然处，颇似曾文。唯诗也亦然。故虽有作者，但不免作为。渊明所以独步千古者，以其浑然天成，无斧凿痕也。韦、柳法陶，纯是作为。故评者曰：陶彭泽如庆云在霄，舒卷自如。"这一段评文论诗的话，以"自然"和"作为"为标准，很值得玩味。所谓"作为"就是"做作"。

我在上面提到今天中国散文坛上作家大体上可以分为两派，与刘熙载的两个标准完全相当。今天中国的散文，只要你仔细品味一下，就不难发现，有的作家写文章非常辛苦，"作为"之态，皎然在目。选词炼句，煞费苦心。有一些词还难免有似通不通之处。读这样的文章，由于"感情移入"之故吧，读者也陪着作者如负重载，费劲吃力。读书之乐，何从而得？

在另一方面，有一些文章则一片真情，纯任自然，读之如行云流水，毫无扞格不畅之感。措词遣句，作者毫无生铸硬造之态，毫无"作为"之处，也是由于"感情移入"之故吧，读者也同作者一样，或者说是受了作者的感染，只觉得心旷神怡，身轻如燕。读这样的文章，人们哪能不获得最丰富活泼的美的享受呢？

我在上面曾谈到，有人主张，写散文愿意怎样写就怎样写，愿写则写，愿停则停，毫不费心，潇洒之至。这种纯任"自然"的文章是不是就是这样产生的呢？不，不，决不是这样。我在上面已经谈到惨淡经营的问题。我现在再引一句古人的话：《湛渊静语》上引柳子厚答韦中立云："故吾每为文章，未尝敢以轻心掉之。"上面引刘熙载的话说"柳则纯乎作为"，也许与此有关。但古人为文决不掉以轻心，惨淡经营多年之后，则又返璞归真，呈现出"自然"来。其中道理，我们学为文者必须参悟。

1997 年 10 月 30 日

散文写作

我确实从来也没有想到，竟能在香港出版一本选集。我生长在祖国偏北的省份，小学、中学、大学都是在北方上的。但是，我同极南端的香港却似乎很有缘。远在40年代中期，当我从欧洲回国的时候，我就曾在香港住过一段时间。隔了四年，在建国初期，我随着一个文化代表团出国访问，来去都曾在香港住过。又过了四年，我又经过香港出国。前年春天，我从国外访问回来，又在香港住了几天。第一次是住在山下，对香港社会了解得比较深入。但这仅仅是香港的一个方面。以后三次，都是住在摩星岭上，这是香港的又一个方面。两面加起来，就构成了一个全面的香港。因此，总可以说，我对香港已经有所认识了。

我认识的是一个什么样的香港呢？

在山下面，地小、人多、街道极窄。路上的行人，熙熙攘攘，摩肩接踵。招牌和霓虹灯，五光十色，琳琅满目。橱窗里陈列的货品，堆积如山。似乎到处都有饭馆子，广东烤肉、香肠，挂满窗口，强烈地刺激着人们的食欲。留长头发穿喇叭裤的男女青年，挺胸昂首，匆匆忙忙地来往走路。在从前的时候，从头顶上不时还隐约飘来阵阵打麻将牌的声音。

在山上面，则另是一番景象。别墅林立，街道光洁，空气新鲜，环境阒静。山前是一湾明镜般的海面。海上气象万千，随时变幻。有时海天混茫，有时微波不起。碧琉璃似的海水有时转成珍珠似的白色。特别是在早晨，旭日东升，晓暾淡红，海面上帆影交错，微波鳞起。极目处黛螺似的点点青山，我几疑置身世外桃源。

山上山下，气象几乎完全不同。但是各有其特点，各极其妙。我认识的就是这样一个香港。

这样一个香港，我心里是非常喜欢的。因此，让我自己写的东西能够同香港联系在一起，能够在香港出版，我也是非常高兴的。

但是，我心里又有点不踏实：我写的这一些东西对于香港的读者，对海外的华侨读者究竟有什么用处呢？中国的旧式文人有的有一种非常恶劣的习气：文章是自己的好。这种习气，我幸而沾染得不算太浓，我还有一点自知之明。我总怀疑，我这些所谓散文，不会有多大的用处。但是，我当然也不会觉得，自己写的东西是一堆垃圾，一钱不值。不然我决没有胆量，也不应该在香港出版什么选集。

那么，我究竟想对香港读者和华侨读者说些什么呢？

我从小就喜欢舞笔弄墨。我写这种叫做散文的东西，已经有50年了。虽然写的东西非常少，水平也不高；但是对其中的酸、甜、苦、辣，我却有不少的感性认识。在生活平静的情况下，常常是一年半载写不出一篇东西来。原因是很明显的。天天上班、下班、开会、学习、上课、会客，从家里到办公室，从办公室到课堂，又从课堂回家，用句通俗又形象的话来说，就是，三点一线。这种点和线都平淡无味，没有刺激，没有激动，没有巨大的变化，没有新鲜的印象，这里用得上一个已经批判过的词儿：没有灵感。没有灵感，就没有写什么东西的迫切的愿望。在这样的时候，我什么东西也写不出，什么东西也不想写。否则，如果勉强动笔，则写出的东西必然是味同嚼蜡，满篇八股，流传出去，一害自己，二害别人。自古以来，应制和赋得的东西好的很少，其原因就在这里。宋代伟大的词人辛稼轩写过一首词牌叫做《丑奴儿》的词：

少年不识愁滋味，爱上层楼。爱上层楼，为赋新词强说愁。　而今识尽愁滋味，欲说还休。欲说还休，却道天凉好个秋。

要勉强说愁，则感情是虚伪的，空洞的，写出的东西，连自己都不能感动，如何能感动别人呢？

我的意思就是说，千万不要勉强写东西，不要无病呻吟。

即使是有病呻吟吧，也不要一有病就立刻呻吟，呻吟也要有技巧。如果放开嗓子粗声嚎叫，那就毫无作用。还要细致地观察，深切地体会，反反复复，简练揣摩。要细致观察一切人，观察一切事物，深入体会一切。在我们这个林林总总的花花世界上，遍地潜伏着蓬勃的生命，随处活动着熙攘的人群。你只要留心，冷眼旁观，一定就会有收获。一个老妇人布满皱纹的脸上的微笑，一个婴儿的鲜苹果似的双颊上的红霞，一个农民长满了老茧的手，一个工人工作服上斑斑点点的油渍，一个学生琅琅的读书声，一个教师住房窗口深夜流出来的灯光，这些都是常见的现象，但是倘一深入体会，不是也能体会出许多动人的含义吗？你必须把这些常见的、习以为常的、平凡的现象，涵润在心中，融会贯通。仿佛一个酿蜜的蜂子，酝酿再酝酿，直到酝酿成熟，使情景交融，浑然一体，在自己心中形成了一幅"成竹",然后动笔,把成竹画了下来。这样写成的文章,怎么能不感动人呢?

我的意思就是说,要细致观察,反复酝酿,然后才下笔。

创作的激情有了,简练揣摩的工夫也下过了,那么怎样下笔呢?写一篇散文,不同于写一篇政论文章。政论文章需要逻辑性,不能持之无故,言之不成理。散文也要有逻辑性,但仅仅这个还不够,它还要有艺术性。古人说:"言之无文,行之不远。"又说:"不学诗,无以言。"写散文决不能平铺直叙,像记一篇流水账,枯燥单调。枯燥单调是艺术的大敌,更是散文的大敌。首先要注意选词造句。世界语言都各有其特点,中国的汉文的特点更是特别显著。汉文的词类不那么固定,于是诗人就大有用武之地。相传宋代大散文家王安石写一首诗,中间有一句,原来写的是:"春风又到江南岸。"他觉得不好,改为:"春风又过江南岸。"他仍然觉得不好,改了几次,最后改为:"春风又绿江南岸。"自己满意了,读者也都满意,成为名句。"绿"本来是形容词,这里却改为动词。一字之改,全句生动。这种例子中国还多得很。又如有名的"鸟宿池边树,僧敲月下门",原来是"僧推月下门","推"字太低沉,不响亮,一改为"敲",全句立刻活了起来。中国语言里常说"推敲"就由此而来。再如咏早梅的诗:"昨夜风雪里,前村数枝开",把"数"字改为"一"字,"早"立刻就突出了出来。中国旧诗人很大一部分精力,就用在炼字上。我想,其他国家的诗人也在不同的程度上致力于此。散文作家,不仅仅限于遣词造句。整篇散文,都应该写得形象生动,诗意盎然。让读者读了以后,好像是读一首好诗。古今有名的散文作品很大一部分是属于这一个类型的。中国古代的诗人曾在不同的时期提出不同的理论，有的主张神韵，有的主张性灵。表面上看起来，有点五花八门，实际上，他们是有共同的目的的。他们都想把诗写得新鲜动人，不能陈陈相因。我想散文也不能例外。

我的意思就是说，要像写诗那样来写散文。

光是炼字、炼句是不是就够了呢？我觉得，还是不够的。更重要的还要炼篇。关于炼字、炼句，中国古代文艺理论著作中，其中也包括大量的所谓"诗话"，讨论得已经很充分了。但是关于炼篇，也就是要在整篇的结构上着眼，也间或有所论列，总之是很不够的。我们甚至可以说，这个问题似乎还没有引起文人学士足够的重视。实际上，我认为，这个问题是非常重要的。

炼篇包括的内容很广泛。首先是怎样开头。写过点文章的人都知道：文章开头难。古今中外的文人大概都感到这一点，而且做过各方面的尝试。在中国古文和古诗歌中，如果细心揣摩，可以读到不少的开头好的诗文。有的起得突兀，如奇峰突起，出人意外。比如岑参的《与高适薛据登慈恩寺浮图》开头两句是："塔势如涌出，孤高耸天宫。"诗歌的开篇把高塔的气势生动地表达了出来，让你非看下去不行。有的纡徐，如春水潆洄，耐人寻味。比如欧阳修的《醉翁亭记》的开头的一句话："环滁皆山也。"用"也"字结尾，这种句型一直贯穿到底。"也"仿佛抓住了你的心，非看下去不行。还有一个传说，欧阳修写《相州昼锦堂记》的时候，构思多日，终于写成，派人送出去以后，忽然想到，开头还不好，于是连夜派人快马加鞭把原稿追回，另改了一个开头："仕宦而至将相，富贵而归故乡，此人情之所荣，而今昔之所同也。"这样的开头有气势，能笼罩全篇，于是就成为文坛佳话。这样的例子还可以举出几十几百。这些都说明，我们古代的文人学士是如何注意文章的开头的。

开头好，并不等于整篇文章都好。炼篇的工作才只是开始。在以下的整篇文章的结构上，还要煞费苦心，惨淡经营。整篇文章一定要一环扣一环，有一种内在的逻辑性。句与句之间，段与段之间，都要严丝合缝，无懈可击。有人写文章东一榔头，西一棒槌，前言不搭后语，我认为，这不是正确的做法。

在整篇文章的气势方面，也不能流于单调，也不能陈陈相因。尽管作者每个人都有自己的独特的风格，应该加意培养这种风格，这只是就全体而言。至于在一篇文章中，却应该变化多端。中国几千年的文学史上，出现了许多不同的风格：《史记》的雄浑，六朝文的秾艳，陶渊明、王维的朴素，徐、庾的华丽，杜甫的沉郁顿挫，李白的流畅灵动，《红楼梦》的细腻，《儒林外史》的简明，无不各擅胜场。我们写东西，在一篇文章中最好不要使用一种风格，应该尽可能地把不同的几种风格融合在一起，给人的印象就会比较深刻。中国的骈文、诗歌，讲究平仄，这是中国语言的特点造成的，是任何别的语言所没有的。大概中国人也不可能是一开始就认识到这个现象，一定也是经过长期的实践才摸索出来的。我们写散文当然与写骈文、诗歌不同。但在个别的地方，也可以尝试着使用一下，这样可以助长行文的气势，使文章的调子更响亮，更铿锵有力。

文章的中心部分写完了，到了结束的时候，又来了一个难题。我上面讲到：文章开头难。但是认真从事写作的人都会感到：文章结尾更难。

为了说明问题方便起见，我还是举一些中国古典文学中的例子。上面引的《醉翁亭记》的结尾是"太守谓谁？庐陵欧阳修也"。以"也"字句开始，又以"也"字句结尾。中间也有大量的"也"字句，这样就前后呼应，构成了一个整体。另一个例子我想举杜甫那首著名的诗篇《赠卫八处士》，最后两句是"明日隔山岳，世事两茫茫"。这样就给人一种言有尽而意无穷的感觉。再如白居易的《长恨歌》，洋洋洒洒数百言，或在天上，或在地下。最后的结句是："天长地久有时尽，此恨绵绵无绝期。"也使人有余味无穷的意境。还有一首诗，是钱起的《省试湘灵鼓瑟》，结句是"曲终人不见，江上数峰青"。对这句的解释是有争论的。据我自己的看法，这样结尾，与试帖诗无关。它确实把读者带到一个永恒的境界中去。

上面讲了一篇散文的起头，中间部分和结尾。我们都要认真对待，而且要有一个中心的旋律贯穿全篇，不能写到后面忘了前面，一定要使一篇散文有变化而又完整，谨严而又生动，千门万户而又天衣无缝，奇峰突起而又顺理成章，必须使它成为一个完美的整体。

我的意思就是说，要像谱写交响乐那样来写散文。

写到这里，也许有人要问：写篇把散文，有什么了不起？可你竟规定了这样多的清规戒律，不是有意束缚人们的手脚吗？我认为，这并不是什么清规戒律。任何一种文学艺术形式，都有自己的一套规律，没有规律就不成其为文学艺术。一种文学艺术之所以区别于另一种文学艺术，就在于它的规律不同。但是不同种的文学艺术之间又可以互相借鉴，互相启发，而且是借鉴得越好，则这一种文学艺术也就越向前发展。任何

漫谈散文

对于散文，我有偏爱，又有偏见。为什么有偏爱呢？我觉得在各种文学体裁中，散文最能得心应手，灵活圆通。而偏见又何来呢？我对散文的看法和写法不同于绝大多数的人而已。

我没有读过《文学概论》一类的书籍，我不知道，专家们怎样界定散文的内涵和外延。我个人觉得，"散文"这个词儿是颇为模糊的。最广义的散文，指与诗歌对立的一种不用韵又没有节奏的文体。再窄狭一点，就是指与骈文相对的，不用四六体的文体。更窄狭一点，就是指与随笔、小品文、杂文等名称混用的一种出现比较晚的文体。英文称这为"Essay, familiar essay"，法文叫"Essai"，德文是"Essay"，显然是一个字。但是这些洋字也消除不了我的困惑。查一查字典，译法有多种。法国蒙田的 Essai，中国译为"随笔"，英国的 Familiar essay，译为"散文"或"随笔"，或"小品文"。中国明末的公安派或竟陵派的散文，过去则多称之为"小品"。我堕入了五里雾中。

子曰："必也正名乎！"这个名，我正不了，我只好"王顾左右而言他"。中国是世界上散文第一大国，这决不是"王婆卖瓜"，是必须承认的事实。在西欧和亚洲国家中，情况也有分歧。英国散文名家辈出，灿若列星。德国则相形见绌，散文家寥若晨星。印度古代，说理的散文是有的，抒情的则如凤毛麟角。世上万事万物有果必有因，这种情况的原因何在呢？我一时还说不清楚，只能说，这与民族性颇有关联。再进一步，我就穷辞了。

这且不去管它，我只谈我们这个散文大国的情况，而且重点放在眼前的情况上。"五四"运动是中国近代史上的一件大事，在文学范围内，改文言为白话，也是中国文学史上的一件大事。七十多年以来，中国文学创作取得了长足的进步。但是，据我个人的看法，各种体裁间的发展是极不平衡的。小说，包括长篇、中篇和短篇，以及戏剧，在形式上完全西化了。这是福？是祸？我还没见到有专家讨论过。我个人的看法是，现在的长篇小说的形式，很难说较之中国古典长篇小说有什么优越之处。戏剧亦然，不必具论。至于新诗，我则认为是一个失败。至今人们对诗也没能找到一个形式。既然叫诗，则必有诗的形式，否则可另立专名，何必叫诗？在专家们眼中，我这种对诗的见解只能算是幼儿园的水平，太平淡低下了。然而我却认为，真理往往就存在于平淡低下中。你们那些恍兮惚兮高深玄妙的理论"只堪自怡悦"，对于我却是"只等秋风过耳边"了。

这些先不去讲它，只谈散文。简短截说，我认为"五四"运动以来中国文坛上最成功的是白话散文，个中原因并不难揣摩。中国有悠久雄厚的散文写作传统，所谓经、史、子、集四库中都有极为优秀的散文，为世界上任何国家所无法攀比。散文又没有固定的形式。于是作者如林，佳作如云，有如八仙过海，各显神通。旧日士子能背诵几十篇上百篇散文者，并非罕事，实如家常便饭。"五四"以后，只需将文言改为白话，或抒情，或叙事，稍有文采，便成佳作。窃以为，散文之所以能独步文坛，良有以也。

但是，白话散文的创作有没有问题呢？有的，或者甚至可以说，还不少。常读到一些散文家的论调，说什么："散文的诀窍就在一个'散'字。""散"字，松松散散之谓也。又有人说："随笔的关键就在一个'随'字。""随者，随随便便之谓也。"他们的意思非常清楚：写散文随笔，可以随便写来，愿意怎样写，就怎样写。愿意下笔就下笔，愿意收住就收住。不用构思，不用推敲。有些作者自己有时也感到单调与贫乏，想弄点新鲜花样；但由于腹笥贫瘠，读书不多，于是就生造词汇，生造句法，企图以标新立异来济自己的贫乏。结果往往是，虽然自我感觉良好，可是读者偏不买你的账，奈之何哉！读这样的散文，就好像吃掺上沙子的米饭，吐又吐不出，咽又咽不下，进退两难，啼笑皆非。你千万不要以为这样的文章没有市场。正相反，很多这样的文章堂而皇之地刊登在全国性的报刊上。我回天无力，只有徒唤奈何了。

要想追究产生这种现象的原因，也并不困难。世界上就有那么一些人，总想走捷径，总想少劳多获，甚至不劳而获。中国古代的散文，他们读得不多，甚至可能并不读；外国的优秀散文，同他们更是风马牛不相及。而自己又偏想出点风头，露一两手。于是就出现了上面提到的那样非驴非马的文章。

我在上面提到我对散文有偏见，又几次说到"优秀的散文"，我的用意何在呢？偏见就在"优秀"二字上。原来我心目中的优秀散文，不是最广义的散文，也不是"再窄狭一点"的散文，而是"更窄狭一点"的那一种。即使在这个更窄狭的范围内，我还有更更窄狭的偏见。我认为，散文的精髓在于"真情"二字，这二字也可以分开来讲：真，就是真实，不能像小说那样生编硬造；情，就是要有抒情的成分。即使是叙事文，也必有点抒情的意味，平铺直叙者为我所不取。《史记》中许多《列传》，本来都是叙事的；但是，在字里行间，洋溢着一片悲愤之情，我称之为散文中的上品。贾谊的《过秦论》，苏东坡的《范增论》《留侯论》等等，虽似无情可抒，然而却文采斐然，情即蕴涵其中，我也认为是散文上品。

这样的散文精品，我已经读了七十多年了，其中有很多篇我能够从头到尾地背诵。每一背诵，甚至仅背诵其中的片段，都能给我以绝大的美感享受。如饮佳茗，香留舌本；如对良友，意寄胸中。如果真有"三月不知肉味"的话，我即是也。从高中直到大学，我读了不少英国的散文佳品，文字不同，心态各异。但是，仔细玩味，中英又确有相通之处：写重大事件而不觉其重，状身边琐事而不觉其轻；娓娓动听，逸趣横生；读罢掩卷，韵味无穷。有很多很多值得我们学习借鉴之处。

至于六七十年来中国并世的散文作家，我也读了不少他们的作品。虽然笼统称之为"百花齐放"，其实有成就者何止百家。他们各有自己的特色，各有自己的风格，合在一起看，直如一个姹紫嫣红的大花园，给"五四"以后的中国文坛增添了无量光彩。留给我印象最深刻最鲜明的有鲁迅的沉郁雄浑，冰心的灵秀玲珑，朱自清的淳朴淡泊，沈从文的轻灵美妙，杨朔的镂金错彩，丰子恺的厚重平实，如此等等，不一而足。至于其余诸家，各有千秋，我不敢赞一辞矣。

综观古今中外各名家的散文或随笔，既不见"散"，也不见"随"。它们多半是结构谨严之作，决不是愿意怎样写就怎样写的轻率产品。蒙田的《随笔》，确给人以率意而行的印象。我个人认为，在思想内容方面，蒙田是极其深刻的；但在艺术性方面，他却是不足法的。与其说蒙田是一个散文家，不如说他是一个哲学家或思想家。

根据我个人多年的玩味和体会,我发现,中国古代优秀的散文家,没有哪一个是"散"的,是"随"的。正相反,他们大都是在"意匠惨淡经营中",简练揣摩,煞费苦心,在文章的结构和语言的选用上,狠下工夫。文章写成后,读起来虽然如行云流水,自然天成,实际上其背后蕴藏着作者的一片匠心。空口无凭,有文为证。欧阳修的《醉翁亭记》是流传千古的名篇,脍炙人口,无人不晓。通篇用"也"字句,其苦心经营之迹,昭然可见。像这样的名篇还可以举出一些来,我现在不再列举,请读者自己去举一反三吧。

在文章的结构方面,最重要的是开头和结尾。在这一点上,诗文皆然,细心的读者不难自己去体会。而且我相信,他们都已经有了足够的体会了。要举例子,那真是不胜枚举。我只举几个大家熟知的。欧阳修的《相州昼锦堂记》开头几句话是:"仕宦而至将相,富贵而归故乡,此人情之所荣,而今昔之所同也。"据一本古代笔记上的记载,原稿并没有。欧阳修经过了长时间的推敲考虑,把原稿派人送走。但他突然心血来潮,觉得还不够妥善,立即又派人快马加鞭,把原稿追了回来,加上了这几句话,然后再送走,心里才得到了安宁。由此可见,欧阳修是多么重视文章的开头。从这一件小事中,后之读者可以悟出很多写文章之法。这就决非一件小事了。这几句话的诀窍何在呢?我个人觉得,这样的开头有雷霆万钧的势头,有笼罩全篇的力量,读者一开始读就感受到它的威力,有如高屋建瓴,再读下去,就一泻千里了。文章开头之重要,焉能小视哉!这只不过是一个例子,不能篇篇如此。综观古人文章的开头,还能找出很多不同的类型。有的提纲挈领,如韩愈

《原道》之"博爱之谓仁,行而宜之之谓义,由是而之焉之谓道,足乎己无待于外之谓德"。有的平缓,如柳宗元的《小石城山记》之"自西山道口径北,逾黄茅岭而下,有二道"。有的陡峭,如杜牧《阿房宫赋》之"六王毕,四海一,蜀山兀,阿房出"。类型还多得很,不可能,也没有必要一一列举。读者如能仔细观察,仔细玩味,必有所得,这是完全可以肯定的。

谈到结尾,姑以诗为例,因为在诗歌中,结尾的重要性更明晰可辨。杜甫的《望岳》最后两句是:"会当凌绝顶,一览众山小。"钱起的《赋得湘灵鼓瑟》的最终两句是:"曲终人不见,江上数峰青。"杜甫的《赠卫八处士》的最后两句是:"明日隔山岳,世事两茫茫。"杜甫的《缚鸡行》的最后两句是:"鸡虫得失无了时,注目寒江倚山阁。"这样的例子更是举不完的。诗文相通,散文的例子,读者可以自己去体会。之所以出现这种情况,原因并不难理解。在中国古代,抒情的文或诗,都贵在含蓄,贵在言有尽而意无穷,如食橄榄,贵在留有余味,在文章结尾处,把读者的心带向悠远,带向缥缈,带向一个无法言传的意境。我不敢说,每一篇文章,每一首诗,都是这样。但是,文章之作,其道多端;运用之妙,存乎一心。我上面讲的情况,是广大作者所刻意追求的,我对这一点是深信不疑的。

"你不是在宣扬八股吗?"我仿佛听到有人这样责难了。我敬谨答曰:"是的,亲爱的先生!我正是在讲八股,而且是有意这样做的。"同世上的万事万物一样,八股也要一分为二的。从内容上来看,它是"代圣人立言",陈腐枯燥,在所难免。这是毫不足法的。但是,从布局结构上来看,却颇有可取之处。它讲究逻辑，要求均衡，避免重复，禁绝拖拉。这是它的优点。有人讲，清代桐城派的文章，曾经风靡一时，在结构布局方面，曾受到八股文的影响。这个意见极有见地。如果今天中国文坛上的某一些散文作家——其实并不限于散文作家——学一点八股文，会对他们有好处的。

我在上面啰啰唆唆写了那么一大篇，其用意其实是颇为简单的。我只不过是根据自己六十来年的经验与体会，告诫大家：写散文虽然不能说是"难于上青天"，但也决非轻而易行，应当经过一番磨炼，下过一番苦功，才能有所成，决不可掉以轻心，率尔操觚。

综观中国古代和现代的优秀散文，以及外国的优秀散文，篇篇风格不同。散文读者的爱好也会人人不同，我决不敢要求人人都一样，那是根本不可能的。仅就我个人而论，我理想的散文是淳朴而不乏味，流利而不油滑，庄重而不板滞，典雅而不雕琢。我还认为，散文最忌平板。现在有一些作家的文章，写得规规矩矩，没有任何语法错误，选入中小学语文课本中是毫无问题的。但是读起来总觉得平淡无味，是好的教材资料，却决非好的文学作品。我个人觉得，文学最忌单调平板，必须有波涛起伏，曲折幽隐，才能有味。有时可以采用点文言辞藻，外国句法；也可以适当地加入一些俚语俗话，增添那么一点苦涩之味，以避免平淡无味。我甚至于想用谱乐谱的手法来写散文，围绕着一个主旋律，添上一些次要的旋律；主旋律可以多次出现，形式稍加改变，目的只想在复杂中见统一，在跌宕中见均衡，从而调动起读者的趣味，得到更深更高的美感享受。有这样有节奏有韵律的文字，再充之以真情实感，必能感人至深，这是我坚定的信念。

我知道，我这种意见决不是每个作家都同意的。风格如人，各人有各人的风格，决不能强求统一。因此，我才说：这是我的偏见。说"偏见"，是代他人立言。代他人立言，比代圣人立言还要困难。我自己则认为这是正见，否则我决不会这样刺刺不休地来论证。我相信，大千世界，文章林林总总，争鸣何止百家！如蒙海涵，容我这个偏见也占一席之地，则我必将感激涕零之至矣。

1998 年 5 月 25 日

写文章

当前中国散文界有一种论调，说什么散文妙就妙在一个"散"字上。散者，松松散散之谓也。意思是提笔就写，不需要构思，不需要推敲，不需要锤炼字句，不需要斟酌结构，愿意怎样写就怎样写，愿意写到哪里就写到哪里。理论如此，实践也是如此。这样的"散"文充斥于一些报刊中，滔滔者天下皆是矣。

我爬了一辈子格子，虽无功劳，也有苦劳；成绩不大，教训不少。窃以为写文章并非如此容易。现在文人们都慨叹文章不值钱。如果文章都像这样的话，我看不值钱倒是天公地道。宋朝的吕蒙正让皂君到玉皇驾前去告御状："玉皇若问人间事，为道文章不值钱。"如果指的是这样的文章，这可以说是刁民诬告。

从中国过去的笔记和诗话一类的书中可以看到，中国过去的文人，特别是诗人和词人，十分重视修辞。这样的例子不胜枚举。杜甫的"语不惊人死不休"，是人所共知的。王安石的"春风又绿江南岸"中的"绿"字，是诗人经过几度考虑才选出来的。王国维把这种炼字的工作同他的文艺理想"境界"挂上了钩。他说："词以境界为最上。"什么叫"境界"呢？同炼字有关是可以肯定的。他说："'红杏枝头春意闹'，著一'闹'字而境界全出。""闹"字难道不是炼出来的吗？

这情况又与汉语难分词类的特点有关。别的国家情况不完全是这样。

上面讲的是诗词，散文怎样呢？我认为，虽然程度不同，这情况也是存在的。关于欧阳修推敲文章词句的故事，过去笔记中多有记载。我现在从《霏雪录》中抄一段：

前辈文章大家，为文不惜改窜。今之学力浅浅者反以不改为高。欧公每为文，既成必自窜易，至有不留初本一字者。其为文章，则书而粘之屋壁，出入观省。至尺牍单简亦必立稿，其精审如此。每一篇出，士大夫皆传写讽诵。惟睹其浑然天成，莫究斧凿之痕也。

这对我们今天写文章，无疑是一面镜子。

1993 年 12 月 26 日

我的处女作

哪一篇是我的处女作呢？这有点难说。究竟什么是处女作呢？也不容易说清楚。如果小学生的第一篇作文就是处女作的话，那我说不出。如果发表在报章杂志上的第一篇文章是处女作的话，我可以谈一谈。

我在高中里就开始学习着写东西。我的国文老师是胡也频、董秋芳（冬芬）、夏莱蒂诸先生。他们都是当时文坛上比较知名的作家，对我都有极大的影响，甚至影响了我的一生。我当时写过一些东西，包括普罗文艺理论在内，颇受到老师们的鼓励。从此就同笔墨结下了不解缘。在那以后五十多年中，我虽然走上了一条与文艺创作关系不大的道路；但是积习难除，至今还在舞笔弄墨；好像不如此，心里就不得安宁。当时的作品好像没有印出来过，所以不把它们算作处女作。

高中毕业后，到北京来上大学，念的是西洋文学系。但是只要心有所感，就如骨鲠在喉，一吐为快，往往写一些可以算是散文一类的东西。第一篇发表在天津《大公报·文艺副刊》上，题目是《枸杞树》，里面记录的是一段真实的心灵活动。我19岁离家到北京来考大学，这是我第一次走这样长的路，而且中学与大学之间好像有一条鸿沟，跨过这条沟，人生长途上就有了一个新的起点。这情况反映到我的心灵上引起了极大的波动，我有点惊异，有点担心，有点好奇，又有点迷惘。初到北京，什么东西都觉得新奇可爱；但是心灵中又没有余裕去

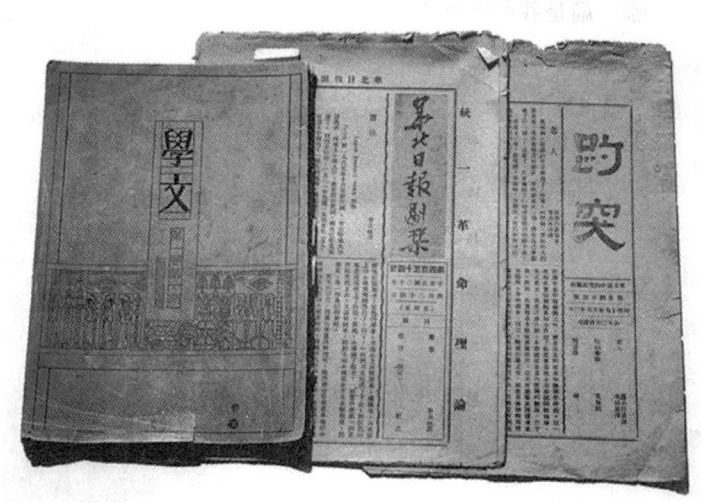

季羡林早年发表作品的报纸。

爱这些东西。当时想考上一个好大学，比现在要难得多，往往在几千人中只录取一二百名，竞争是异常激烈的，心里的斗争也同样激烈。因此，心里就像是开了油盐店，酸、甜、苦、辣，什么滋味都有。但是美丽的希望也时时向我招手，好像在眼前不远的地方，就有一片玫瑰花园，姹紫嫣红，芳香四溢。

这种心情牢牢地控制住我，久久难忘，永远难忘。大学考取了，再也不必担心什么了，但是对这心情的忆念却依然存在，最后终于写成了这一篇短文：《枸杞树》。

这一篇所谓处女作有什么值得注意的地方呢？同我后来写的一些类似的东西有什么关系呢？仔细研究起来，值得注意的地方还是有的，首先就表现在这篇短文的结构上。所谓结构，我的意思是指文章的行文布局，特别是起头与结尾更是文章的关键部位。文章一起头，必须立刻就把读者的注意力牢牢捉住，让他非读下去不可，大有欲罢不能之势。这种例子在中国文学史上是颇为不少的。我曾在什么笔记上读到过一段有关宋朝大文学家欧阳修写《相州昼锦堂记》的记载。大意是说，欧阳修经过深思熟虑把文章写完，派人送走。但是，他忽然又想到，文章的起头不够满意，立刻又派人快马加鞭，追回差人，把文章的起头改为"仕宦而至将相，富贵而归故乡，此人情之所荣，而今昔之所同也"，自己觉得满意，才又送走。

我想再举一个例子。宋朝另一个大文学家苏轼写了一篇有名的文章：《潮州韩文公庙碑》，起头两句是"匹夫而为百世师，一言而为天下法"。《古文观止》编选者给这两句话写了一个夹注："东坡作此碑，不能得一起头，起行数十遭，忽得此两句，是从古来圣贤远远想入。"

这样的例子还可以举出一些，我现在暂时不举了。从这些例子中可以看出，我国古代杰出的文学家是以多么慎重严肃的态度来对待文章的起头的。

至于结尾，中国文学史上有同样著名的例子。我在这里举一个大家所熟知的，这就是唐代诗人钱起的《省试湘灵鼓瑟》。这一首诗的结尾两句话是："曲终人不见，江上数峰青。"让人感到韵味无穷。只要稍稍留意就可以发现，古代的诗人几乎没有哪一篇不在结尾上下工夫的，诗文总不能平平淡淡地结束，总要给人留下一点余味，含吮咀嚼，经久不息。

写到这里，话又回到我的处女作上。这一篇短文的起头与结尾都有明显的惨淡经营的痕迹，现在回忆起来，只是那个开头，就费了不少工夫，结果似乎还算满意，因为我一个同班同学看了说："你那个起头很有意思。"什么叫"很有意思"呢？我不完全理解，起码他是表示同意吧。

我现在回忆起来，还有一件事情与这篇短文有关，应该在这里提一提。在写这篇短文之前，我曾翻译过一篇英国散文作家 L.P.Smith 的文章，名叫《蔷薇》，发表在 1931 年 4 月 24 日《华北日报·副刊》上。这篇文章的结构有一个特点。在第一段最后有这样一句话："整个小城都在天空里熠耀着，闪动着，像一个巢似的星圈。"这是那个小城留给观者的一个鲜明生动的印象。到了整篇文章的结尾处，这一句话又出现了一次。我觉得这种写法很有意思，在写《枸杞树》的时候有意加以模仿。我常常有一个想法：写抒情散文（不是政论，不是杂文），可以尝试着像谱乐曲那样写，主要旋律可以多次出现，把散文写成像小夜曲，借以烘托气氛，加深印象，使内容与形式彼此促进。这也许只是我个人的幻想，我自己也尝试过几次。结果如何呢？我不清楚。好像并没有得到知音，颇有寂寞之感。事实上中国古代作家在形式方面标新立异者，颇不乏人，欧阳修的《醉翁亭记》是一个有名的例子。现代作家，特别是散文作家，极少有人注重形式，我认为似乎可以改变一下。

"你不是在这里宣传'八股'吗？"我隐约听到有人在斥责。如果写文章讲究一点技巧就算是"八股"的话，这样的"八股"我一定要宣传。我生也晚，没有赶上作八股的年代。但是我从一些清代的笔记中了解到八股的一些情况。它的内容完全是腐朽昏庸的，必须彻底加以扬弃。至于形式，那些过分雕琢巧伪的东西也必须否定。那一点想把文章写得比较有点逻辑性、有点系统性，不蔓不枝，重点突出的用意，则是可以借鉴的。写文章，在艺术境界形成以后，在物化的过程中注意技巧，不但未可厚非，而且必须加以提倡。在过去，八股中偶尔也会有好文章的。上面谈到的唐代钱起的《省试湘灵鼓瑟》就是试帖诗，是八股一类，尽管遭到鲁迅先生的否定，但是你能不承认这是一首传诵古今的好诗吗？自然，自古以来，确有一些名篇，信笔写来，如行云流水，一点也没有追求技巧的痕迹。但是，我认为，这只是表面现象。写这样的文章需要很深的工力，很高的艺术修养。我们平常说的"返璞归真"，就是指的这种境界。这种境界是极难达到的，这与率尔命笔，草率从事，完全不可同日而语。这决非我一个人的怪论，然而，不足为外人道也。

1985年7月4日

"言志"与"载道"

中国古代学者能文者多，换句话说，学者同时又兼散文家者多，而今则颇少。这是一个极为明显的事实，由不得你不承认。可是，如果想追问其原因，则恐怕是言人人殊了。

过去中国有"诗言志"和"文以载道"的说法。抛开众多注释家的注释不谈，一般人对这两个说法的理解是，所谓"志"是自己内心的活动，多半与感情有关，"言志"就是抒发自己的感情，抒发形式则既可以用诗歌，也可以用散文，主要是叙事抒情的散文。所谓"唐宋八大家"者，皆可以归入此类。而"载道"则颇与此有别。"道"者，多为别人之"道"。古人所谓"代圣人立言"者，立的是圣人之道。自己即使有"道"，如与圣道有违，也是不能立、不敢立的。

这样就产生了矛盾。人总是有感情的，而感情又往往是要抒发的。即使是以传承道统自命的人，他们写文章首先当然是载道，但也不免要抒发感情。我只举几个例子，就足以说明问题了。唐代韩愈以继承孔子道统自命；但是，不但他写的诗是抒发感情的，连散文亦然。他那一篇有名的《原道》，顾名思义，就能知道，他"原"的是"道"。但是，谁能说其中感情成分不洋溢充沛呢？又如宋代的朱熹，公认是专以载道为己任的大儒。但是，他写的许多诗歌，淳朴简明，蕴含深厚，公认是优美的文学作品，千载传诵。连孔门都注重辞令修饰，讲什么言之无文，行之不达。可见文与道有时候是极难以区分的。

　　清代桐城派的文人，把学问分为三类：义理、辞章、考据。他们的用意是一人而三任焉，这是他们的最高标准或理想。然而事实怎样呢？对桐城派的文章，也就是所谓"辞章"，学者毁誉参半。我在这里姑不细论。专谈他们的义理和考据，真能卓然成家者直如凤毛麟角。较之唐宋时代的韩愈、朱熹等等，虽不能说有天渊之别，其距离盖亦悬殊矣。

　　到了今天，学科门类愈益繁多，新知识濒于爆炸，文人学士不像从前的人那样有余裕来钻研中国古代典籍。他们很多人也忙于载道。载的当然不会像古代那样是孔孟之道，而只能是近代外国圣人和当今中国圣人之道，如临深履薄，唯恐跨越雷池一步，致遭重谴。可以想象，这样的文章是不会有文采的，也不敢有文采的。其他不以载道为专业的学者，写文章也往往不注意修辞，没有多少文采。有个别自命为作家的人，不甚读书，又偏爱在辞藻上下"苦"工夫，结果是，写出来的文章流光溢彩，但不知所云，如八宝楼台，拆散开来，不成片段。有的词句，由于生制硬造，佶屈聱牙，介于通与不通之间。

　　中国当前文坛和学坛的情况，大体上就是这样。我的看法，不敢说毫无偏颇之处，唯愿读者谅之。

　　郭伟川先生，出自名家大师门下，学有素养，又是一个有心人。他在最近给我的信中说："今年计划中，想出版《著名学者散文精选》一书。所以专取学者文，盖一段从事学术研究的人，真正能文者如凤毛麟角，所谓罕而见珍也。而文得学养，则盖见深度，可臻文质并茂之境。此则一般文章家未必能至者，亦足成学者文之特色也。"这一段话虽不长，但对写文章与学术研究之关系,说得极为透彻而又深刻,十分敬佩。伟川先生镶拙文滥竽其中,既感且愧。他索序于我,敢不应命,因略述鄙见如上。

1998年2月24日

本文为《著名学者散文精选》序

要反映社会中的新风气

　　我今天来,一是想听听,听听大家的意见;一是想看看,看看老朋友,没有准备发什么言。我写东西的时间不算短了,到现在已经有五十多年了。可我总感觉到自己是个外行,是个客串,我不敢讲自己是个作家。

　　听了几位同志的意见,对我启发很大。我想先讲个故事。以前我在清华大学读书,有个教授,名叫叶公超,后来当了台湾的"外交部长"。他当时教我们英文,说自己研究散文。他对我们灌输,说世界上只有英国有散文,别的国家都不行。法国蒙泰恩,勉强对付。我们当时的大学生脑子比较简单,所以就信了他的话。后来经过好多年,我觉得这说法不大对头,我发现,真正有悠久散文传统的还是中国。刚才冰心同志讲到的《古文观止》是散文,我看还可以扩大一些。在经史子集中,我看这各集都是散文,至少里边有很大一部分是散文。我们中国才真正是一个散文的国家。因此,我们现在的散文的成就应当大一些。可是现在情况怎么样呢?刚才有同志讲,成绩没有小说大,我因为读得少一些,不敢乱说。我们应有这么一个雄心壮志,把散文这个题材搞得比现在更好一些。但怎么搞好呢?刚才夏衍同志说,报告文学要真实,散文要清新,我觉得这个意见很精辟。不过,我还想补充一下,我有个偏见,我认为小说可以虚构,不虚构不行;可散文不能虚构,报告文学也不能虚构。有的同志会问,《桃花源记》算不算散文?它是不是虚构的？我说它是虚构的，因此不能算是散文，而是小说。魏晋南北朝时期有这种文体。鲁迅的《一件小事》，你说它是小说也行，但我看是很好的散文，它里面没有什么故事性，抒情的成分比较大一些。所以，这里面没有什么标准。写散文，其实有两个方面，一个是事实的真实。这一点上面已经说过。一个是感情的真实。看见了一个人，看见一件事，看见一片风景，如果没有使你感动，那你就不要写，勉强写一定写不好，自己都不感动，怎么会感人呢？今天我们这个社会里，大家只要注意，确有很多感人的东西，周总理不必说了，像彭德怀同志，过去我们不大理解，后来他身边工作人员写了回忆，很感人。我们许多老同志有不少感人的事迹，可是，前一段我们的宣传有偏差，使人产生了一点误解。这几天，不是有几个青年人，一个是不远千里去为人作女儿，一个是为人作儿子，你说这不是新东西吗？新风气吗？我们社会中的新风气多极了，就看你看不看。你如果真正看，一定会得到鼓舞，有了创作的欲望，你就写，才能达到好的社会效果。艺术性也很重要，叶老、健吾都讲了风格等，这都是值得研究的。我觉得艺术上应继承我们的传统，一个人一个风格。刚才，健吾同志举了好多英国人的名字，英国确实是出了不少散文作品的。法国有蒙泰恩，但像这样的作家不太多，德国好像就没听说谁是散文家，这些国家是不一样，但我们也应借鉴。再加上我们今天这个社会基础，就很有可能把我们的散文搞上去。我这个人有点儿眼高手低，看别人的东西，很少有看得上的，但自己又不行。要求很高，好像很空洞，可我看也不那么空洞，它很具体。我觉得散文跟诗很相近，有类似之处。我在一个地方曾讲过，写散文应当用写诗的办法来写。我又说写散文应该用写交响乐那样的方法来写。我做不到这一步,别人恐怕也要努力。我这种想法不知对不对。我写不好,但对散文劲头很大,很喜欢,现在中国的、外国的散文我还都看。我虽然写了五十多年,但至今仍然是一个学徒。我一定要努力不息,坚持不懈,学习古今中外的好散文。只要我受到感动,受到启发,还是要动笔写一点的。

1981 年 12 月

本篇为作者 1981 年 11 月 13 日在《文艺报》召开的"散文创作座谈会"上的发言

写身边琐事

我从小好舞笔弄墨,到现在已经五十多年了。虽然我从来没有敢妄想成为什么文学家,可是积习难除,一遇机缘,就想拿起笔来写点什么,积之既久,数量已相当可观。我曾经出过三本集子:《朗润集》《天竺心影》《季羡林选集》(香港),也没能把我所写的这一方面的文章全部收进去。现在北京大学出版社建议我把所有这方面的东西收集在一起,形成一个集子。我对于这一件事不能说一点热情都没有,这样说是虚伪的;但是我的热情也不太高:有人建议收集,就收集吧。这就是这一部集子产生的来源。

集子里的东西全都属于散文一类。我对于这一种文体确实有所偏爱。我在《朗润集·自序》里曾经谈到过这个问题,到现在我仍然保留原来的意见。中国是世界上首屈一指的散文国家,历史长,人才多,数量大,成就高,这是任何国家都无法相比的。之所以有这种情况,可能与中国的语言有关。中国汉语有其特别优越之处。表现手段最简短,而包含的内容最丰富。用现在的名词来说就是,使用的劳动量最小,而传递的信息量最大。此外,在声调方面,在遣词造句方面,也有一些特点,最宜于抒情、叙事。有时候可能有点朦胧,但是朦胧也自有朦胧之美。"诗无达诂",写抒情的东西,说得太透,反而会产生浅显之感。

启功先生题"季羡林散文全编"。

我为什么只写散文呢？我有点说不清楚。记得在中学的时候，我的小伙伴们给我起过一个绰号，叫做"诗人"。我当时恐怕也写过诗，但是写得并不多，当然也不好。为什么竟成为"诗人"了呢？给我起这个绰号的那一些小伙伴几乎都已作古，现在恐怕没有人能说清楚了。其中可能包含着一个隐而不彰的信息：我一向喜欢抒情的文字。念《古文观止》一类的书的时候，真正打动了我的心的是司马迁的《报任安书》，陶渊明的《桃花源记》，李密的《陈情表》，韩愈的《祭十二郎文》，欧阳修的《泷冈阡表》，苏轼的《前赤壁赋》《后赤壁赋》，归有光的《项脊轩志》等一类的文字，简直是百读不厌，至今还都能背诵。我还有一个偏见，我认为，散文应该以抒情为主，叙事也必须含有抒情的成分。至于议论文，当然也不可缺，却非散文正宗了。

　　在这里，我想谈一谈所谓"身边琐事"这个问题。如果我的理解不错的话，在解放前，反对写身边琐事的口号是一些进步的文艺工作者提出来的。我觉得，当时这样提是完全正确的。在激烈的斗争中，一切涣散军心、瓦解士气的文章都是不能允许的。那时候确实有一些人想利用写身边琐事来转移人们的注意力，消灭人们的斗志。在这样的情况下，反对写身边琐事是无可非议的、顺理成章的。

　　但是，我并不认为，在任何时候，任何情况下，都必须义正词严、疾言厉色地来反对写身边琐事。到了今天，历史的经验和教训都已经够多的了，我们对身边琐事应该加以细致分析了。在"四人帮"肆虐时期，甚至在那个时期以前的一段时间内，文坛上出现了一批假、大、空的文学作品，凭空捏造，很少有事实依据，根据什么"三突出"的"学说"，一个劲地突出、突出，突得一塌糊涂。这样做，当然谈不到什么真实的感情。有的作品也曾流行一时。然而，曾几何时，有谁还愿意读这样的作品呢？大家都承认，文学艺术的精髓在于真实，古今中外，概莫能外。如果内容不真实，用多么多的篇幅，写多么大的事件，什么国家大事、世界大事、宇宙大事，辞藻再华丽，气派再宏大，也无济于事，也是不能感人的。文学作品到了这个地步，简直是一出悲剧。我们千万不能再走这一条路了。

  回头再看身边琐事。古今中外都有不少的文章写的确实是一些身边琐事，决不是国家大事，无关大局。但是，作者的感情真挚、朴素，语言也不故意扭捏做作，因而能感动读者，甚至能让时代不同、地域不同的读者在内心深处起着共鸣。这样写身边琐事的文章能不给以很高的评价吗？我上面列举的那许多篇古文，哪一篇写的不是身边琐事呢？连近代人写的为广大读者所喜爱的一些文章，比如鲁迅的抒情散文，朱自清的《背影》《荷塘月色》等名篇，写的难道都是国家大事吗？我甚至想说，没有身边琐事，就没有真正好的散文。所谓身边琐事，范围极广。从我上面举出的几篇古代名作来看，亲属之情占有极其重要的地位。在错综复杂的社会生活中，亲属和朋友的生离死别，最容易使人们的感情激动。此外，人们也随时随地都能遇到一些美好的、悲哀的、能拨动人们的心弦的事物，值得一写。自然景色的描绘，在古今中外的散文中也占有很大的比例。读了这样的文章，我们的感情最容易触动，我们不禁就会想到，我们自己对待亲属和朋友有一种什么感情，我们对一切善良的人、一切美好的事物是一种什么态度。至于写景的文章，如果写的是祖国之景，自然会启发我们热爱祖国；如果写的是自然界的风光，也会启发我们热爱大自然，热爱生活。这样的文章能净化我们的感情，陶冶我们的性灵，小中有大，小中见大，平凡之中见真理，琐细之中见精神，这样的身边琐事难道还不值得我们大大地去写吗？

今天，时代变了，我们的视野也应当随之而扩大，我们的感情不应当囿于像过去那样的小圈子里，我们应当写工厂，应当写农村，应当写革新，应当写进步。但是无论如何也离不开个人的感受，我们的灵魂往往从一些琐事触动起。国家大事当然也可以写，但是必须感情真挚。那一套假、大、空的东西，我们再也不能要了。

这就是我了解的身边琐事。收在这一个集子里面的文章写的几乎都是这样的身边琐事。我的文笔可能是拙劣的，我的技巧可能是低下的。但是，我扪心自问，我的感情是真实的，我的态度是严肃的，这一点决不含糊。我写东西有一条金科玉律：凡是没有真正使我感动的事物，我决不下笔去写。这也就是我写散文不多的原因。我决不敢说，这些都是好文章。我也决不说，这些都是垃圾。如果我真认为是垃圾的话，当然应当投入垃圾箱中，拿出来灾祸梨枣，岂非存心害人？那是虚伪的谦虚，也为我所不取。

我的意思无非是说，我自己觉得这些东西对别人也许还有一点好处。其中一点，可能是最重要的一点，我在《〈朗润集〉自序》中已经谈到过了，那就是，我想把解放前后写的散文统统搜集在这一个集子里，让读者看到我在这一个巨大的分界线两旁所写的东西情调很不一样，从而默思不一样的原因而从中得到启发。可惜我这个美好的愿望格于编辑，未能实现。但是，我并没有死心，现在终于实现了。对我自己来说，这是一件非常可喜的事情。可喜之处何在呢？就在于，它说明了，像我们这些从旧社会过来的知识分子,不管是"高级"的,还是其他级的,思想都必须改造,而且能够改造。这一点,我认为是非常有意义的。今天,人们很少再谈思想改造了,好像一谈就是"极左"。但是我个人认为,思想改造还是必要的。客观世界飞速前进,新事物层出不穷,我们的思想如果不改造,怎么能跟得上时代的步伐呢?这是我的经验之谈,不是空口白话。我相信,细心的读者会从这一本集子里体察出我的思想改造的痕迹。他们会看出我在《〈朗润集〉自序》里写的那一种情况:解放前看不到祖国和人民的前途,也看不到个人的前途,写东西调子低沉,情绪幽凄。解放后则逐渐充满了乐观精神,写东西调子比较响。这种细微的思想感情方面的转变是非常有意义的。它至少能证明,我们的社会主义国家确实有其优越之处,确实是值得我们热爱的。它能让一个人的思想感情在潜移默化中发生变化,甚至像南北极那样的变化。现在有那么一些人觉得社会主义不行了,优越性看不出来了,这个了,那个了。我个人的例子就证明这些说法不对头。这也可以说是我的现身说法吧!

  细心的读者大概还可以从书中看到一种情况:解放前写的文章中很有一些不习见的词儿,这是我自己创造出来的。在这一方面,我那时颇有一点初生犊子不怕虎的气概。然而在解放后写的文章中,特别是在最近几年的文章中,几乎没有什么新词儿了。事实上,我现在胆子越来越小,经常翻查词典;往往是心中想出一个词儿,如果稍有怀疑,则以词典为据;词典中没有的,决不写进文章。简直有点战战兢兢的意味了。这是一个好现象呢,还是一个坏现象?我说不清楚。我不敢赞成现在有一些人那种生造新词儿的办法,这些词儿看上去非常别扭。

但是，在几千年汉语发展的历史上，如果一个新词儿也不敢造，那么汉语如何发展呢？如何进步呢？可是话又说了回来，如果每一个人都任意生造，语言岂不成了无政府主义的东西？语言岂不要大混乱吗？我现在还不知道怎样来解决这个问题。我眼前姑且把我解放前文章中那一些比较陌生的词儿一股脑儿都保留下来，让读者加以评判。

我在上面拉拉杂杂地写了一大篇，我把自己现在所想到的合盘托了出来。所有这一些想法，不管别人看上去会觉得多么离奇，甚至多么幼稚，但是，我自己却认为都是有道理的，否则我也不会写了出来。不过，我也决不强迫读者一定要认为是有道理的。

回顾五十多年的创作过程，看到自己笔下产生出来的这些所谓文章今天能够收集起来，心里不能不感到一点快慰。就算是雪泥鸿爪吧，这总是留下的一点痕迹。过去的50年，是世事多变的50年。我们的民族，还有我自己，都是既走过阳关大道，也走过独木小桥。这种情况在集子中约略有所反映。现在我们的国家终于拨云雾而见青天，我自己也过了古稀之年。我还没有制定去见马克思的计划。今后，我积习难除，如果真有所感——我强调的是一个"真"字，我还将继续写下去的。我们的国家、我们的民族，不管目前还有多少困难，总的趋向是向上的、是走向繁荣富强的。我但愿能用自己这一支拙劣的笔鼓吹升平，与大家共同欣赏社会主义建设的钧天大乐。

>1985年10月10日初稿于烟台
>1985年11月7日抄毕于燕园
>本文为《季羡林散文集》自序

谈中外散文

自从有了文学史以来，散文就好像是受到了歧视。一般人谈论起文学类别来，也往往只谈诗歌、小说、戏剧这"老三样"。即使谈到散文，也令人有"敬陪末座"之感。

这是非常不公平的，然而有其原因。

一般讲到散文的应用，不外抒情与叙事两端。抒情接近诗歌，而叙事则邻近小说。散文于是就成了动物中的蝙蝠，亦鸟亦兽，非鸟非兽。在文学大家庭中，仿佛成了童养媳，难乎其为文矣。

不管是抒情，还是叙事，散文的真精神在于真实。抒情要真挚动人而又不弄玄虚；叙事不容虚构而又要有文采，有神韵。可是有一些人往往是为了消遣而读书。文学作品真实与否，在所不计。即使是胡编乱侃，只要情节动人，能触他们灵魂深处的某一个并不高明的部位，使他们能够得到一点也并不高明的快感，不用费脑筋，而又能获得他们认为的精神享受，在工作之余，在飞机上，在火车中，一卷在手，其乐融融，阅毕丢掉，四大皆空。

散文担当不了这个差使。于是受到歧视。

倘若把文学分为阳春白雪与下里巴人的话，散文接近阳春白雪。真要欣赏散文，需要一定的基础，一定的艺术修养。虽然用不着焚香静坐，也要有一定的环境。车上，机上，厕上，不是适宜的环境。

你是不是想把散文重新塞进象牙之塔，使它成为小摆设，脱离广大的群众呢？敬谨答曰：否。我只是想说，文学作品都要能给读者一点美感享受。否则文学作品就会失去它的社会意义。但是，美感享受在层次上是不尽相同的。散文给予的美感享受应该说是比较高级的美感享受，是真正的美感享受。它能提高人的精神境界，洗涤人的灵魂。像古希腊的悲剧，它能使人"净化"；但这是一种性质完全不同的净化。

写到这里，我必须谈一谈一个对散文来说是非常重要的问题：身边琐事问题。在中国文学史上，一直到近现代，最能感动人的散文往往写的都是身边琐事。即以本书而论，入选的中国散文中有《陈情表》《兰亭集序》《桃花源记》《别赋》《三峡》《春夜宴诸从弟桃李园序》《祭十二郎文》《陋室铭》《钴鉧潭西小丘记》《醉翁亭记》《秋声赋》《前赤壁赋》《黄州快哉亭记》等等宋以前的散文名篇，哪一篇不真挚动人，感人肺腑？又哪一篇写的不是身边琐事或个人的一点即兴的感触？我们只能得到这样一个结论：只有真实地写真实的身边琐事，才能真正拨动千千万万平常人的心弦，才能净化他们的灵魂。宇宙大事，世界大事，国家大事当然能震撼人心。然而写这些东西，如果掌握不好，往往容易流于假、大、空、废"四话"。四话一出，真情必隐，又焉能期望这样的文章能感动人呢？

在这一点上，外国的散文也同中国一样。只要读一读本书中所选的外国作家的散文，就能够一目了然，身边琐事和个人一点见景生情而萌生的小小的感触，在这些散文中也占重要的地位，我就不再细谈了。

谈到外国散文，我想讲一个有趣的现象。在世界上许多国家，特别是那几个文化大国中，文学创作都是非常繁荣昌盛的，诗歌、小说和戏剧的创作都比较平衡。一谈到散文，则不尽如此。有的国家散文创作异常发达，有的国家则比较差，其间的差距是非常令人吃惊的。比如，英国是散文大国，这一点是大家都承认的。这里的散文大家灿若列星，一举就能举出一连串的光辉的名字。法国次之，而德国则几乎找不出一个专以散文名家的大家。原因何在呢？实在值得人们仔细思考而且探讨。

曾经有很长一段时间，我认为英国是世界上唯一的，至少是最大的散文大国。我在大学里读的是西洋文学。教我们英国散文的是后来当了台湾"外交部长"的一位教授。他把英国散文说得天花乱坠。我读了一些，也觉得确实不错。遥想英国人坐在壁炉前侃天说地的情景，娓娓而谈，妙趣横生，真不禁神往。愧我愚鲁，感觉迟钝，一直到很晚的时候，我才憬然顿悟：远在天边，近在眼前，世界上真正的散文大国其实就是中国。在"经"中间有好散文，在"史"和"子"中，绝妙的散文就更多。在"集"中，除了诗歌以外，几乎都是散文。因此，无论从质上，还是从量上，以及从历史上悠久上来看，中国都是当之无愧的世界第一。事情难道不是这个样子吗？

我还想从另外一个角度上来说明中国散文的优越性。自从"五四"倡导新文学以来，我们已经取得了辉煌的成就，诗歌、小说、戏剧、散文四管齐下，各有独特的成绩。有人提出了一个问题：这四个方面，哪一方面成就最大？言人人殊，不足为怪。我不讨论这个论争。但是有人说，四者中成就最大的是散文。我不评论这个看法的是非曲直；但是我觉得，这种看法是非常深刻，很有启发性的。专就形式而论，诗歌模仿西方是尽人皆知的事实，而小说，不管是长篇还是短篇，哪里有一点《三国》《水浒传》《红楼梦》和唐代传奇、《今古奇观》《聊斋》等的影子？它们已经"全盘西化"了。至于戏剧，把中国戏剧置于易卜生等的戏剧之中，从形式上来看，还有一点关汉卿等等的影子吗？我不反对"西化"，我只是指出这个事实。至于散文，则很难说它受到了多少西方影响，它基本是中国的。我个人认为，这同中国是世界最大的散文国家这个事实，有密切关系。如果在这个意义上来说中国现代散文成就最大，难道还能有什么理由来批驳吗？

既然把散文摆上了这样高、这样特殊的位置，散文，特别是中国散文的特点究竟何在呢？有人说，散文的特点就在一个"散"字，散文要松松散散。愿意怎样写，就怎样写；愿意写到什么地方，就写到什么地方。率意而行，一片天机，挥洒自如，如天马行空。何等潇洒！何等自如！我对这种说法是有怀疑的。如果不是英雄欺人，就是完全外行。现在确实有些散文确实"散"了，但是散得像中小学生的作文。这样的东西也居然皇皇然刊登在杂志上，我极不理解。听说，英国现代个别作家坐在咖啡馆里，灵感忽然飞来，于是拿起电话，自己口述，对方的秘书笔录，于是一篇绝妙文章就此出笼。这是否是事实，我不敢说。反正从中国过去的一些笔记中看到的情况与此截然相反。一些散文大家，一些散文名篇，都是在长期锻炼修养的基础上，又在"意匠惨淡经营中"的情况下，千锤百炼写出来的。尽管有的文章看起来如行云流水，舒卷自如，一点费力的痕迹都没有，背后隐藏着多么大的劳动，只有作者和会心人了解，实不足为外人道也。

以上就是我对中国散文和世界散文的一点肤浅的看法。我自己当然认为是正确的,否则就不会写出来。至于究竟如何,这要由读者来判断了。

因为自己不在坛上,对文坛上的情况不甚了了。风闻现在散文又走俏了。遂听之下,不禁狂喜,受了多年歧视的散文,现在忽然否极泰来,焉得不喜!而读者也大概对那些秘闻逸事,小道新闻,政坛艺坛文坛上的明星们的韵事感到腻味了。这是读者水平提高的表现,我又焉得不喜!

在这样出书难卖书难的十分严峻的环境中,江苏文艺出版社竟毅然出版这样一部规模空前的散文精华。对于这样的眼光与魄力,任何人也不会吝惜自己的赞扬。这篇序文本来是请冯至先生写的。他是写这篇序文的最适宜的人选。可惜天不假年,序写未半,遽归道山。蒙编选同志和姚平垂青,让我来承担这个任务,完成君培先生未竟之业,自愧庸陋,既感光荣与惶恐;哲人其萎,又觉凄凉与寂寞。掷笔长叹,不禁悲从中来。

1993 年 5 月 5 日

本文为《世界散文精华》序

文章的真髓

我向不敢以名人自居，我更没有什么名作。但是当人民日报出版社的同志向我提出要让我在《名人名家书系》中占一席地时，我却立即应允了。原因十分简单明了：谁同冰心、巴金、萧乾等我的或师或友的当代中国文坛的几位元老并列而不感到光荣与快乐呢？何况我又是一个俗人，我不愿矫情说谎。

我毕生舞笔弄墨，所谓"文章"，包括散文、杂感在内，当然写了不少。语云："当局者迷，旁观者清。"自己的东西是好是坏，我当然会有所反思；但我从不评论，怕自己迷了心窍，说不出什么符合实际的道道来。别人的评论，我当然注意；但也并不在意。我不愿意像外国某一个哲人所说的那样"让别人在自己脑袋里跑马"。我只有一个信念、一个主旨、一点精神，那就是：写文章必须说真话，不说假话。上面提到的那三位师友之所以享有极高的威望，之所以让我佩服，不就在于他们敢说真话吗？我在这里用了一个"敢"字，这是"画龙点睛"之笔。因为，说真话是要有一点勇气的，有时甚至需要极大的勇气。古今中外，由于敢说真话而遭到厄运的作家或非作家的人数还算少吗？然而，历史是无情的。千百年来流传下来为人所钦仰颂扬的作家或非作家无一不是敢说真话的人。说假话者其中也不能说没有，他们只能做反面教员，被钉在历史的耻辱柱上。

但是，只说真话，还不能就成为一个文学家。文学家必须有文采和深邃的思想。这有点像我们常说的文学的思想性和艺术性的问题。我说"有点像"，就表示不完全像，不完全相等。说真话离不开思想，但思想有深浅之别，有高下之别。思想浮浅而低下，即使是真话，也不能感动人。思想必须是深而高，再济之以文采，这样才能感动人，影响人。我在这里特别强调文采，因为，不管思想多么高深，多么正确，多么放之四海而皆准，多么超出流俗，仍然不能成为文学作品，这一点大家都会承认的。近几年来，我常发一种怪论：谈论文艺的准则，应该把艺术性放在第一位。上面讲的那些话，就是我的"理论根据"。

谈到文采，那是同风格密不可分的。古今中外，有成就的作家都有各自的风格，泾渭分明，决不含混。杜甫诗："清新庾开府，俊逸鲍参军。"这是杜甫对庾信和鲍照风格的评价。而杜甫自己的风格，则一向被认为是"沉郁顿挫"，与之相对的是李白的"飘逸豪放"。对于这一点，自古以来，几乎没有异议。这些词句都是从印象或者感悟得来的。在西方学者眼中，或者在中国迷信西方"科学主义"的学者眼中，这很不够意思，很不"科学"，他们一定会拿起他们那惯用的分析的"科学的"解剖刀，把世界上万事万物，也包括美学范畴在内肌分理析，解剖个淋漓尽致。可他们忘记了，解剖刀一下，连活的东西都立即变成死的，反而不如东方的直觉的顿悟、整体的把握，更能接近真理。

这话说远了，就此打住，还来谈我们的文采和风格问题。倘若有人要问："你追求的是一种什么样的文采和风格呢？"这问题问得好。我舞笔弄墨六十多年，对这个问题当然会有所考虑，而且时时都在考虑。但是，说多了话太长，我只简略地说上几句。我觉得，文章的真髓在于我在上面提到的那个"真"字。有了真情实感，才能有感人的文章。文采和风格都只能在这个前提下来谈。我追求的风格是：淳朴恬澹，本色天然，外表平易，秀色内涵，形式似散，经营惨淡，有节奏性，有韵律感，似谱乐曲，往复回还，万勿率意，切忌颠顶。我认为，这是很高的标准，也是我自己的标准。别人不一定赞成，我也不强求别人赞成。喜欢哪一种风格，是每一个人自己的权利，谁也不能干涉。我最不赞成刻意雕琢，生造一些极为别扭，极不自然的词句，顾影自怜，自以为美。我也不赞成平板呆滞的文章。我定的这个标准，只是我追求的目标，我自己也做不到。

我对文艺理论只是一知半解，对美学更是门外汉。以上所言，纯属野狐谈禅，不值得内行一顾。因为这与所谓"名人名作"有关，不禁说了出来，就算是序。

本文为《赋得永久的悔》自序

谈序跋

集子的名字是《季羡林序跋选》，但是我仍然要写上一篇序。这岂不是叠床架屋了吗？可能是的，可是序仍然要写。

我为什么这样刚愎自用呢？

原因恐怕要从很远的地方讲起。对于散文，我曾在几个地方都讲过，中国是世界上历史最长、成就最高的散文国家；散文在中国是最为人民喜爱的文学体裁。对于序跋，我同样也可以这样说。实际上序跋也属于散文的范畴。翻开中国文学史，我们可以看到，许多伟大作家都写过一些序或跋。从汉代的司马迁开始，他写了《外戚世家序》《太史公自序》等等文章。晋代的王羲之写了《兰亭集序》。唐代的王勃写了《滕王阁序》。李白写了《春夜宴桃李园序》。韩愈写了《送孟东野序》等等。柳宗元写了《愚溪诗序》。宋代李格非写了《书洛阳名园记后》。欧阳修写了《释秘演诗集序》《梅圣俞诗集序》。所谓"书后"，实际上就是跋。宋代以后，还有大量的序跋。直到近代，此风不衰。梁《昭明文选》所选的各种文体中也有"序"这一项。这样的例子是举也举不完的。我之所以这样列举例证，无非是想说明，序跋这种体裁在中国是有悠久而又光辉的传统的。直到现在还为广大人民群众所爱好，我自己也在其中。

但是，也并非没有例外。我前不久读到一篇文章，作者说，他读书不喜欢看序跋。这使我有点吃惊，我原以为是任何人都是喜欢读序跋的。我记得鲁迅先生曾说过，他读书总是先看一看序跋。鲁迅的做法是有代表性的。

我为什么喜欢读序跋呢？我觉得，序跋同日记一样，在这里，作者容易说点真话。在其他体裁的文章中，作者往往峨冠博带，在不知不觉中说一些冠冕堂皇的话；装腔作势，说一些言不由衷的话；这些东西，读起来让人感到腻味，读不下去。当然，有人在日记中也不说真话，比如李慈铭的《越缦堂日记》，是众所周知不完全说真话的典型。他是拿日记当著作，准备有人来抄了出版的。他在里面大抄朝报之类的东西，梦想有朝一日得到御览，从而飞黄腾达。这一点早就有人指出来过。不过，这究竟是极个别的例外，不是日记的正宗。序跋与日记也不完全相同，其能说一点真话则一也。我同许多人之所以喜欢读序跋，其原因就在这里。

就我自己而论，我不但喜欢读序跋一类的文字，而且也喜欢写。其原因同喜欢写作几乎完全一样。这就是，序跋这一种体裁没有什么严格的模子，写起来，你可以直抒胸臆，愿意写什么就写什么，愿意怎样写就怎样写。如果把其他文章比作峨冠博带，那么序跋（当然也有日记）则如软巾野服。写起来如行云流水，不受遏制，欲行便行，欲止便止，圆融自如，一片天机。写这样的文章，简直是一种享受。

写到这里，我在篇首提出来的那一个问题：我为什么要序上加序？便自然得到解答了。

但是，据我自己观察到的，序跋也不完全是这个样子。有一些序跋，特别是名人的序，大概是受人请托，情不可却，也许还有一点什么"效益"之类的东西，于是乎，虽然那一本书实在并不怎么样，写序的人也只好不痛不痒地加以空洞的赞誉，虚伪之气溢于楮墨之表，扑人眉宇。谁读这样的序而不感到别扭，不感到腻味呢？

这样的序，我是无论如何也无法欣赏的。可是，我当时还并没有考虑到，自己决不写这样的序，压根儿没有考虑到；因为写这样的序是名人的事，自己决非名人，离名人至少还有十万八千里，存在决定意识，没有这个存在，也就决不会有这种意识。

可是世间的事是异常复杂而又多变的。不知怎样一来，居然有人找自己写序，而且自己也居然写了起来。自己从来没有想到要走的一条道路，在自己心灵深处十分厌恶走的一条道路，自己居然走上了。最近几年来，我颇写了一些这样的序。自己当时心灵的活动，现在已经不很清楚。最初似乎也想拒绝过。因为种种原因，出于种种考虑，拒绝没有发生效果。于是一步步沿着这一条路滑了下去。等到脑筋清醒，回头一看，不禁大吃一惊：自己滑得已经相当远了，想要打住，已经完全不可能了。我现在觉得，人真是一个奇妙的动物，人的一生也多半是奇妙的一生。你想走的路，有时无论如何也走不上。你不想走的路，不知不觉之中，不管有多少曲折，最终还是要走上。"踏破铁鞋无觅处，得来全不费工夫"，这样的经验，不是很多人——如果不是每一个人的话，都有过吗？古今之人有的在迫不得已时只好相信命运，难道就一点根据都没有吗？

这话扯得太远了。我无非是想说，我从厌恶给人做序一直发展到做起来，而且还做了不少，这个过程，对我来说，有点糊涂。我现在是不是就后悔了，严格说来，是不是就想忏悔而要悔过自新呢？决不是的，我一点那样的想法都没有。如果现在有人求我写序，我立刻就会答应的。

"你这不是出尔反尔自己打自己的嘴巴吗？"读者或许要

这样问。我在这里必须解释几句。回想我写每一篇别人要我写的序时的心情,检查一下我为别人写的所有的序,有一点是可以告慰于自己的:我没有作违心之论。序中可能有一点废话;但是决没有假话、大话、空话。对于每一本要我写序的书,我也尽量避免使用溢美之词。总起来看,我对书的评价总算是实事求是的。因而,尽管我走上这一条路有点迷惑不解,但是我决无内疚之感。

"你现在把你的序跋拿出来出版给别人看,难道就是仅仅因为里面没有假话、大话、空话吗?"读者或许又要这样问的。我曾再三考虑过出版不出版的问题。有几度,我曾打过退堂鼓,不想把这些东西拿出来出版。但是最后我还是下定决心拿出来出版。原因何在呢?仔细想来,原因是颇多的,而且也颇复杂。上面说到的那种情况,仅仅是原因之一。此外还有一些别的原因。最近几年来,我曾听到几个年轻人(其中也有我过去的学生)说,他们颇喜欢读我写的序跋文字。听了以后,我心里不禁漾起一点喜悦之意。我原来以为,"文章千古事,得失寸心知",我写东西的甘苦别人未必知道。现在居然有人知道了,我的喜悦不是很自然的吗?即使内心深处有点沾沾自喜的意思,难道还有人像过去在那"史无前例"的时代要我"斗私批修"吗?既然如此,我索性把那些东西拿出来,公诸同好,又有什么不好呢?当然,这里讲的序跋,只是其中的一部分。其余的恐怕不但我自己不那么喜欢,别人也未必有嗜痂之癖专门喜欢那些东西。可是,话又说了回来,即使是在这些文字中,我也总是说了些实话。这些实话,不管多么肤浅,毕竟是我的一得之愚,对人也未必没有好处,没有启发。用现在的说法,考虑到社会效益,也许还有点积极的东西,至少不会放毒。总之，我决心把我自己喜欢的文字，连同不那么喜欢的文字，集成这样一个集子，送到读者面前。个别词句有一些改动。古人形容出刊不应该出刊的书时常用"灾祸梨枣"这样一个词儿。我这个集子是不是灾祸梨枣呢？但愿不是这个样子。

集子的编选整理，都由李铮同志负责。附此致谢。

1985 年 11 月 26 日写毕

附记：

写了序，书没有出，转瞬已将五年。现在又有了出书的机会，于是把这几年中写的序跋的大部分也收了进来，以期让读者对于我的序跋得到一个完整的印象。

1990 年 1 月 16 日

本文为《季羡林序跋选》序

获奖有感

完全出我意料,我的《赋得永久的悔》竟然获得了中国最高文学奖——鲁迅文学奖的荣誉奖。我自己认为是不够格的。

虽然我从青年时代起就舞笔弄墨,写了一些所谓文章;但是我从来不敢以文学家自命。说一句夸大一点的话,我自己认为是一个科学研究工作者。我的主要精力和兴趣都集中在对印度古代语言、中亚古代语言、佛教史以及中外文化交流史的研究上。这种别人可能认为是枯燥乏味的工作,我已经做了六七十年了。焚膏继晷,兀兀穷年,乐此不疲,心甘情愿。写一些散文之类的东西,是积习难除,而且都是在感情躁动于胸中,必须一吐为快的时候。所以我有时说:我的文章是流出来的,不是挤出来的。流出来的都会是好文章吗?那倒不一定。文章必须有真情,这是我一贯主张。但是起决定作用的还是你表达这种真情的艺术性。不管你的情是多么真,思想内容是多么宏伟,如果缺乏艺术性,就不能算是文学作品。

我认为,作家是一个非常光荣的称号,是我所衷心景仰的人。我走过大码头,见过大世面,而且是国际的大码头,国际的大世面。虽然性格内向,但是对于待人接物,应对进退,我也自有一套办法。在国外千人的学术会议上,登台发言,心不跳,手不颤。可是一见到作家,我就有点自惭形秽,局促不安。这是一种什么心理呢?至今我还没有能得到满意的解释,我还要继续研究推敲。

十几年前，我当选为中国作家协会的理事。这件事是我在报纸上看到自己的名字才知道的，我并没有参加那一次大会。以后究竟开过多少次理事会，我也没太注意，因为我一次也没有参加过。不是我没有时间，没有兴趣，而是由于上面讲到的原因。我觉得，我之所以能够当选理事，是因为我曾从许多外语中翻译过大量的文学作品，而决不是由于我的创作。我去参加理事会是滥竽充数，一直到最后一次换届的理事会，我才亲自参加。在这一次会议上，我又被推选为中国作家协会的顾问，地位够崇高的了。"此身合是作家未？"我仍然套用陆放翁的诗句来向自己发问。答复仍在疑似之间，但已经感到有点作家的味了。

这一次，我获得鲁迅文学奖，不是凭我的翻译，而是凭我的创作。我自觉似乎向作家靠近了一点儿。说到《赋得永久的悔》这一篇散文写成的原因，完全是出于一种偶然性。《光明日报》的韩小蕙小姐想出了一个题目，叫做"永久的悔"，发函征文。别人是怎么想的，我不知道。至于我自己呢，我一看题目，立即被它吸引住了。我的"永久的悔"，就藏在我的心中，一直藏了几十年，时时在我心中躁动，有时令我寝食难安，直欲一吐为快。现在小蕙一给我机会，实在是天赐良缘。我立即动笔，几乎是一气呵成，文不加点。我大概是交稿最早的人，至少是其中之一。详情都已写在文章中，我在这里就不重复了。

文章在《光明日报》"文荟"上刊出后，得出的反应大大地超出我的期望。一位在很多问题上同我意见相左的老相识对我说："你的许多文章我都不同意；但是《赋得永久的悔》却不能不让我感动和钦佩。你是一口气写成的吧？"他说得并没有

"文章必须有真情,这是我一贯主张。但是起决定作用的还是你表达这种真情的艺术性。不管你的情是多么真,思想内容是多么宏伟,如果缺乏艺术性,就不能算是文学作品。"图为季羡林在鲁迅文学院演讲。

错,我确实是这样写成的。这一篇文章被许多"文摘"转载,一些地方中学里还选作教材。我还接到许多相识的和不相识的老、中青朋友的来信,对它加以赞美。我可是万万没有想到,一篇文章竟能产生这样广泛的影响。

空口无凭,我不妨选出一封信来,从中抄上几段来供大家品味。这封信是武汉大学的两名研究生写的:

最主要的,是我们被您在《赋得永久的悔》里面所流露出来的浓郁的亲情深深地感动了。您在文章中说,您如果以后不去济南,不去北京,不去德国,您就可能会是一个农民,一个文盲,但是您的母亲却会比您不在身边要活得长,活得好。多么崇高深沉的爱!宁愿舍弃自己的一切去换取母亲的幸福而不得,便成了一位望九之年的老人的"永久的悔"。

回想起来,我们时时以"天之骄子"而自豪,自恃青春年少,风华正茂,随波逐流,去追寻自己的梦想,在很大程度上忽略了远方的父母,忽略了父亲期待的目光和母亲渐生的华发,忽略了故乡小河边曾有过的嬉戏奔跑。看了您的文章,我们的心受到了强烈的震动。从小到现在,我们被倾注了母亲满腔的从不企求回报的爱。我们大了,母亲也老了。我们再不能等到自己九十岁了才悔恨地想起当初不该离开母亲,忽略母亲。我们都是胸怀理想的热血青年,以自己的眼睛观察这个日新月异的社会,深深地热爱着可爱的祖国。您的心路历程,您的文章刚好告诉了我们这样一个朴实的道理:爱国应从爱母亲做起。

您的年龄比我们的爷爷还大，从民国初始一直走到改革开放的今天，历经沧桑而保持本色，您的爱母之情，爱国之心将永远激励着我们前进，提醒着我们要永葆人间真情至爱，做一个真正的人，大写的人，同样也将激励和影响着全国千千万万青年朋友的生活道路。

信就抄到这里。下面署名是"学生彭至安（法学院96硕）、刘阳（生科院97硕）"。

这一封信写得何等真挚动人啊！我们中国的青年是多么可爱啊！这一封信对我的震动比我那篇文章对他们的震动要强烈到不知多少倍。我真是做梦也没有想到，自己的一篇简单的文章竟能在社会上，对青年人产生这样强烈的影响。

我现在几乎每天都收到一些素昧平生的朋友们的来信，其中老、中、青年都有，而以青年为多。我写文章向来不说谎话、大话、套话，我向读者真挚坦率地交了心，读者也以同样的东西回报了我。这是我近年来最大的快乐。

我在上面已经提到，我平生倾全力去做的是科学研究工作，写点散文，只能算是余兴。然而，根据我今天的认识，人们在社会中不管处于什么地位，上至高官显宦，中间有士、农、工、商，下至引车卖浆者流，我们所做的工作都必须有益于社会，有益于人民，有益于祖国，有益于全人类。如果只是为了个人利益，为了孤芳自赏，那就是社会的寄生虫。觉悟了的人民必将扬弃之，甚至消灭之而后快。那种"藏之名山，传之后人"的科学研究工作，有的也能立即产生社会效益，有的则只能俟诸未来。但是，文学作品绝大多数能立即产生社会影响，直接产生影响。我的《赋得永久的悔》就是一个最具说服力的例子。

我的禀赋不高，在很多问题上，我都是一个后知后觉者。现在，通过《赋得永久的悔》等等文章所产生的社会影响，我逐渐感觉到自己似乎像是一个作家了。

1998 年 6 月 2 日

写作《春归燕园》的前前后后

自己也是一个喜欢舞笔弄墨的人，常常写点所谓散文。古人说："文章是自己的好。"我也并不能例外。但是有一点差堪自慰的是，我多少有点自知之明，我并不认为自己所有的文章都好。大概估算起来，我喜欢的只不过有十分之一左右而已。为什么有的喜欢有的不喜欢呢？是好是坏自己什么时候才知道呢？自己喜欢的同读者喜欢的是否完全一致呢？这是每一个写文章的人都会碰到的问题。

为了解答这些问题，我举一篇散文《春归燕园》来说明一下。

这是一篇自己比较喜欢的东西，是在1978年秋末冬初写成的。为了说明问题，必须回到十六年前去。在这一年春天，我写了一篇《春满燕园》。这一篇短文刊出后，获得了意料之中又似乎出乎意料的好评和强烈的反应。我的学生写信给我，称赞这一篇东西。许多中学和大学课本中选了它当教材。以后有几年的时间，每年秋天招待新生入学时，好多学生告诉我，他们在中学里读过这篇东西。

这一篇东西是在什么心情支配下写成的呢？

这就必须了解当时的政治环境。从1957年所谓"反右"开始，极"左"的思潮支配一切，而且是越来越"左"。在那以后两年内，拔白旗、反右倾，搞得乌烟瘴气，一塌糊涂。同时浮夸风大肆猖獗。关于粮食产量，夸大到惊人的程度，而且还号召大家迎接共产主义的来临。接着来的是无情的惩罚：三年饥馑。我不愿意用"自然灾害"这个常用的词，明明绝大部分是人为的浮夸风造成的灾害，完全推到自然身上，是不公正的。到了1962年，人们的头脑似乎清醒了一点，政策改变了一点，对知识分子的政策也开始有点落实。广州会议，周总理和陈毅副总理脱帽加冕的讲话像是一阵和煦的春风，吹到了知识分子心坎里，知识分子仿佛久旱逢甘霖，仿佛是在狂风暴雨之后雨过天晴，心里感到异常的喜悦，觉得我们国家前途光明，个个如处春风化雨之中。

我算是知识分子之一，这种春风化雨之感也深深地抓住了我，在我的灵魂深处萌动、扩散，让我感到空前的温暖。这一年春天我招待外宾的任务特别繁重，每隔几天，总要到北大临湖轩去一趟。当时大厅的墙上挂着一张水墨印的郑板桥的竹子，上面题着一首诗：

　　日日红桥斗酒卮，
　　家家桃李艳芳姿。
　　闭门只是栽兰竹，
　　留得春光过四时。

我非常喜欢这最后两句诗，我有时到早了，外宾还没有来，我坐在客厅的沙发上细味诗意，悠然神往，觉得真是春色满寰宇，和风吹万里。而且这个春光还不是转瞬即逝的，而是常在的。我又想到天天早晨在校园里看到学生读书的情景，结果情与景会，有动于衷，就写成了那一篇《春满燕园》。这是我比较喜欢的一篇东西，一写出来，我就知道，我个人感觉，它的优点就在一个"真"字。

但是，还没有等我的喜悦之情消逝，社会上又开始折腾起来了。极"左"的东西又开始抬头。到了1966年就出现了人类历史上独一无二、空前绝后的悲剧：所谓"文化大革命"。有不少的一部分人，人类的理智丧尽了，荒谬绝伦的思想方式和逻辑推理主宰了一切，中国历史上最糟糕的糟粕：深文周纳、断章取义、造谣污蔑、罗织诬罔的刀笔吏习气成了正统。古人说"黄钟毁弃，瓦釜雷鸣"，大概就是这种情况吧！不知道是哪一个"天才"（更确切地说是绝大的蠢才）发明了，只要是"春"字就代表的是资本主义。春天是万物萌生的时期，喜欢而且歌颂春天是人类正常的感情，现在却视"春天"为蛇蝎，可见这一场"革命"违背人情、扰乱天理到了什么程度！谁要是歌颂春天，谁就是歌颂资本主义。谁要是希望春光常在，谁就是想搞资本主义复辟。我不但歌颂了春天，而且还要"春满燕园"，还要春光永在，这简直是大逆不道，胆大包天，胡作非为，十恶不赦。1966年6月4日我从"四清"的基地奉召回到北大参加"革命"。第一张批判我的大字报，就是批判《春满燕园》的，内容是我上面说的这一些。我当时的政治觉悟是非常低的，我是拥护"文化大革命"的。即使是这样，当我看到这一份大字报的时候，我心里真是觉得十分别扭，仿佛吃了一肚子苍蝇似的，直想作呕。为什么最美好的季节春天竟成了资本主义的象征呢？我那一篇短文的"罪状"还不仅仅是这一点。我里面提到学生的晨读。在"英雄们"的词汇中，这叫做"业务挂帅"、"智育第一"，这是地地道道的"修正主义"。我也完全不能理解，学校之所以要开办，就是让人们来念书，来研究，在学校里为什么一提倡念书就成了"修正主义"呢？我站在那里看大字报,百思不得其解,不由地"哼"了一声。然而就是这发生在十分之一秒钟内的一"哼",也没有逃过"革命小将"的注意,他们给我记下了一笔账,把这一"哼"转变为继续批判我的弹药。我这个人属于"死不改悔"那一类。等到我自己跳出来反对那一位臭名昭著的"第一张马列主义大字报"的作者的时候,我的罪名就更多了。所有的"文化大革命"使用的帽子,几乎都给我戴上。从那以后,经过了上百次的批斗,我的罪名多如牛毛,但是宣传资本主义复辟和业务挂帅成了药中的甘草,哪一次批斗也缺不了它。

  以后是漫长的黑暗的十年。在这期间,我饱经忧患,深深地体会到古人所谓世态炎凉的情况,我几乎成了一个印度式的"不可接触者①"。我在牛棚里住过八个月,放出来后,扫过厕所,淘过大粪,看过电话,当过门房,生活介于人与非人之间,革命与反革命之间,党员与非党员之间,人民与非人民之间,我成了一个地地道道的"中间人物",这样的人物我还没有在任何文学作品中读到过(印度神话中的陀哩商古也只能算是有近似之处),他是我们"史无前例的"什么"革命"制造成的,是我们的"发明创造",对我们伟大的民族来说,是并不光彩的。这种滋味没有亲身尝过的是无论如何也不能理解的。我亲身尝过了,而且尝了几年之久,我总算是"不虚此生"了。我希望有朝一日能有一个伟大的作家能写上一部百万字的长篇小说,把"中间人物"这个典型,描绘出来,这必然会大大地丰富世界文学。

---

  ① 不可接触者:印度传统的种姓制度将人分为四个等级。此外还有被排除在种姓之外的人,即"不可接触者"或"贱民",他们社会地位最低,最受歧视,甚至连影子都不能接触到别人。

我是不是完全绝望了呢？也不是的。有一度曾经绝望过，但不久就改变了主意。我只是迷惑不解，为什么有那么一些人，当然不是全体，竟然疯狂卑劣到比禽兽还要低的水平呢？

我说没有完全绝望，是针对全国而言的。对于我自己，我的希望已经不多。我常常想：我这一生算是玩完了。将来到农村里一个什么地方去劳动改造，以了此一生。但是对于我们国家，我眼前还有点光明，我痴心妄想，觉得这样一个民族决不会就这样堕落下去。在极端困难的时候，我嘴里往往低声念着雪莱的诗：

  既然冬天到了，
   春天还会远吗？

我为了歌颂春天，吃够了苦头，但是我是一个"死不改悔"的"死硬派"，即使我处在"中间状态"，我想到的仍然是春天，不管多少"人"讨厌它，它总是每年一度来临大地，决不迟到，更不请假。我仍然相信雪莱的话，我仍然相信，春天是会来到的。

到了1976年，晴天一声霹雳，"四人帮"垮台了。这一群人中败类终于成为人民的阶下囚，昔日炙手可热的威风一扫而尽。有道是人民大众开心之日，就是反革命分子难受之时。男女老少拍手称快，买酒相庆。当时正是深秋时分，据说城里面卖螃蟹的人，把四个螃蟹用草绳拴在一起，三公一母。北京全城的酒，不管好坏，抢购一空。人人喜形于色，个个兴致勃勃。我深深体会到，人心向背，是任何人也改变不了的。

解放以后，中国人民有过不少乐事，但像"四人帮"倒台时的快乐,我还没有经历过。我们的人民不一定都知道"四人帮"的内幕,但是他们那种倒行逆施、荒谬绝伦的行径,人民是看在眼里的。当时社会上流传着许多谣言、流言或者传说,不一定都是事实,但是其中肯定是有一部分是真实的。即使不真实,也反映了人民的真实情绪。有一条古今中外普遍能应用的真理:人民不可侮。可惜,"四人帮"同一切反动分子一样,是决不可能理解这个真理的。古今中外一切反动派都难免最后的悲剧,其根源就在这里。

至于我自己,"四人帮"垮台的时候,我那种中间状态逐渐有所改变,但是没有哪一个领导人曾对我说明"文化大革命"究竟是怎么一回事,我只能从整个社会的气氛上,从人们对我的态度上,从人们逐渐有的笑容上,我感觉到我自己的地位有点变了,或者正在改变中。

从1976年一直到1978年,是我国从不安定团结慢慢到安定团结的过程。对我自己来说,还不可能一下子改变,还有一些障碍需要清除。我正处在从反革命到革命,从非党员到党员,从非人民到人民,从非人到人的非常缓慢转变的过程中,一句话,是我摆脱中间状态的过程。"文化大革命"流行着一句话,叫做"重新做人",意思是一个反革命分子、黑帮分子、资产阶级反动学术权威等等,等等,同旧我决裂变成新我,也可以说是从坏人向好人转变,也可以叫做迷途知返吧。我现在感到自己确实是重新做人了,但并不是"文化大革命"中的含义,而是我自己理解的含义。从不可接触者转变为可以接触者,从非人转变为一个人,我觉察到,一切都在急剧地变化着,过去的作威作福者下了台,过去的受压者抬起了头,人们对我的态度也从凉到炎。但也有过去打砸抢的所谓"革命小将"，摇身一变，成了革命的接班人，我暗暗捏一把汗。

不管怎样，一切都变了，让我最高兴的是，我又有了恣意歌颂春天的权利，歌颂学生学习的权利，歌颂一切美好的东西的权利，总之一句话，一个正常人的权利。

这个权利我无论如何也不能舍弃，我那内心激荡的情绪也不允许我舍弃，我终于写成了《春归燕园》。

《春归燕园》是1978年深秋写成的。此时，十一届三中全会还没有召开，但是全国的气氛已经有了更大的改变。凭我的直觉，我感到春天真正来临了。

可是眼前真正的季节却是深秋。姹紫嫣红的景象早已绝迹，连"接天莲叶无穷碧"的夏天都已经过去，眼里看到的是黄叶满山，身上感到的是西风劲吹，耳朵里听到的是长空雁唳。但是我心中却溢满了春意，我无论如何也抑制不住自己。我有意再走一遍写《春满燕园》时走过的道路。我绕未名湖走了一周，看到男女大孩子们在黄叶林中，湖水岸边，认真地读着书，又能听到琅琅的读书声在湖光塔影中往复回荡。当年连湖光塔影也被贴上了荒谬绝伦的"修正主义"的标签，今天也恢复了名誉，显得更加美丽动人。我想到"四人帮"其性与人殊，凡是人间美好的东西，比如鲜花等等，他们都憎恨，有的简直令人难解。此时这一群丑类垮台了，人间又恢复了美好的面目。此时我心旷神怡，不但想到中国，而且想到世界；不但想到今天，而且想到未来。我走呀，走呀，大有"春风得意马蹄疾，一日看遍长安花"之慨。我眼前的秋天一下子变为春天，"霜叶红于二月花"，大地春意盎然。我抑制不住，我要歌唱，我要高呼，我要跳跃，我要尽情地歌颂春天了。

我自己感觉到，写《春归燕园》时的激情要大大地超过写

《春满燕园》时。其中道理是非常简单明了的。写《春满燕园》时，虽然已经尝了一点点苦头，但是总起来说，是微不足道的，快乐大大超过苦恼。到了写《春归燕园》时，我可以说是已经饱经忧患，九死余生，突然又看到光明，看到阳关大道，其激情之昂扬，不是很自然的吗？

我在本文开始时，提出来的那几个问题，现在通过十几年我的两篇短文的命运，都完全得到了答复。我们喜欢写点东西的人大概都有这样一个经验：在酝酿阶段，自己大概都觉得文章一定会很好，左思右想，梦寐求之，心里思潮腾涌，越想越觉得美妙无穷，于是拿起笔来，把心里酝酿的东西写在纸上。在写的过程中，有的顺利，有的不顺利，有的甚至临时灵感一来，想到许多以前从没有想到的东西，所谓神来之笔，大概指的就是这个吧。有的却正相反，原来想得很好，写起来却疙里疙瘩，文思涩滞。这样的文章写完了以后，自己决不会喜欢。在大多数的情况下，刚写完的文章，往往都觉得不错，有意放上几天之后，再拿出来一看，有的仍然觉得好，有的就觉得不怎么样。以上两篇文章都是属于当时自己觉得好的那一类。要问什么时候知道，我的答复是，一写出来就知道。写文章的人大概也都有这样的经验：自己认为好的，读者也会认为是好的。换句话说，作者和读者的评价是完全一致的。古人说："文章千古事，得失寸心知。"根据我的经验，恐怕不完全是这个样子。寸心之外，还有广大的人民之心，他们了解得更深刻，更细致，更客观，更可靠。

上面我虽然写了这样多，但我决不是认为这两篇东西都是什么了不起的好文章。不说别人，就拿我自己来说，我心里有一个文章的标准。我追求了一辈子这个标准，到现在还是没有达到。比如山色，远处看着很美妙，到了跟前，却仍然是平淡无奇。我虽已年过古稀，但追求的心不敢或弛。我希望我将来有朝一日能写出自己比较满意的文章。

1986 年 7 月 29 日于庐山

文学品读

季羡林

推荐十种书

一、《红楼梦》

《红楼梦》是古今中外最优秀最杰出的长篇小说。我不谈思想性，因为公说公有理，婆说婆有理，谁也说不清楚，谁也说服不了谁。我只谈艺术性。本书刻画人物达到了出神入化的境界。人物一开口，虽不见其人；但立刻就能知道是谁。在中外文学作品中，实无其匹。

二、《世说新语》

这也是一本奇书。当时清谈之风盛扇。但并不是今天的"侃大山"，而要出言必隽永有韵致，言简而意深，如食橄榄，回味无穷。有的话不能说明白，但一经说出，则听者会心，宛如当年灵山会上，世尊拈花，迦叶微笑。

三、《儒林外史》

本书是中国小说中的精品。结构奇特，好像是由一些短篇缀合而成。作者惜墨如金，描绘风光，刻画人物，三言两语，而自然景色和人物性格，便跃然纸上。尤以讽刺见长，作者威仪俨然。不露笑容，讽刺的话则入木三分，令人忍俊不禁。

四、李义山诗

在中国诗中，我同曹雪芹正相反，最喜欢李义山诗。每个人欣赏的标准和对象，不能强求一律。义山诗词藻华丽，声韵铿锵。有时候不知所言何意，但读来仍觉韵味飘逸，意象生动，有似西洋的 pure poetry（纯诗）。诗不一定都要求懂。诗的词藻美和韵律美直接诉诸人的灵魂。汉诗还有一个字形美。

五、李后主词

后主词只有短短几篇。他不用一个典故，但感情真挚，动人心魄。王国维说："后主则俨有释迦基督担荷人类罪恶之意。"言似夸大，我们不能这样要求后主，他也根本不是这样的人。中国历史上多一个励精图治的皇帝，没有多大分量。但是，如果缺一个后主，则中国文学史将成什么样子？

六、《史记》

《史记》是中国第一部通史。但此书真正意义不在史而在文。司马迁说："诟莫大于宫刑。"他满腔孤愤，发而为文，遂成《史记》。时至今日，不可一世的汉武帝，只留得"西风残照汉家陵阙"，而《史记》则"光芒万丈长"。历史最是无情的。

七、陈寅恪《寒柳堂集》

八、陈寅恪《金明馆丛稿》

陈寅恪先生学贯中西，融铸今古。他一方面继承和发展了中国乾嘉朴学大师的考据之学，另一方面又继承和发扬了西方近代考据之学，实又超出二者之上。他从不用僻书，而是在人人能读人人似能解的平常的典籍中，发现别人视而不见的问题，即他常说的"发古人之覆"。他这种本领达到了极高明的地步，如燃犀烛照，洞察幽微，为学者所折服。陈先生不仅是考据家，而且是思想家，他对中国文化的理解，实超过许多哲学家。

九、德国 Heinrich Lüders（吕德斯）*Philologica Indica*（《印度语文学》）

在古今中外的学人中，我最服膺、影响我最深的，在中国是陈寅恪，在德国是吕德斯。后者也是考据圣手。什么问题一到他手中，便能鞭辟入里，如剥芭蕉，层层剥来，终至核心，所得结论，令人信服。我读他那些枯燥至极的考据文章，如读小说，成了最高的享受。

十、德国 E.Sieg（西克）、W.Siegling（西克灵）和 W.Schulze（舒尔茨）*Tocharische Grammatik*（《吐火罗语法》）

吐火罗语是一种前所未知的新疆古代民族语言。考古学家发掘出来了一些残卷，字母基本上是能认识的，但是语言结构，则毫无所知。三位德国学者通力协作，经过了二三十年的日日夜夜，终于读通，而且用德国学者有名的"彻底性"写出了一部长达 518 页的皇皇巨著，成了世界学坛奇迹。

1993 年 5 月 29 日

我最喜爱的书

我在下面介绍的只限于中国文学作品。外国文学作品不在其中。我的专业书籍也不包括在里面，因为太冷僻。

一、司马迁《史记》

《史记》这一部书，很多人都认为它既是一部伟大的史籍，又是一部伟大的文学作品。我个人同意这个看法。平常所称的《二十四史》中，尽管水平参差不齐，但是哪一部也不能望《史记》之项背。

《史记》之所以能达到这个水平，司马迁的天才当然是重要原因；但是他的遭遇起的作用似乎更大。他无端受了宫刑，以致郁闷激愤之情溢满胸中，发而为文，句句皆带悲愤。他在《报任少卿书》中已有充分的表露。

二、《世说新语》

这不是一部史书，也不是某一个文学家和诗人的总集，而只是一部由许多颇短的小故事编纂而成的奇书。有些篇只有短短几句话，连小故事也算不上。每一篇几乎都有几句或一句隽语，表面简单淳朴，内容却深奥异常，令人回味无穷。六朝和稍前的一个时期内，社会动乱，出了许多看来脾气相当古怪的人物，外似放诞，内实怀忧。他们的举动与常人不同。此书记录了他们的言行，短短几句话，而栩栩如生，令人难忘。

三、陶渊明的诗

有人称陶渊明为"田园诗人"。笼统言之，这个称号是恰当的。他的诗确实与田园有关。"采菊东篱下，悠然见南山"，这样的名句几乎是家喻户晓的。从思想内容上来看，陶渊明颇近道家，中心是纯任自然。从文体上来看，他的诗简易淳朴，毫无雕饰，与当时流行的镂金错彩的骈文，迥异其趣。因此，在当时以及以后的一段时间内，对他的诗的评价并不高，在《诗品》中，仅列为中品。但是，时间越后，评价越高，最终成为中国伟大诗人之一。

四、李白的诗

李白是中国文学史上最伟大的天才之一，这一点是谁都承认的。杜甫对他的诗给予了最高的评价："白也诗无敌，飘然思不群。清新庾开府，俊逸鲍参军。"李白的诗风飘逸豪放。根据我个人的感受，读他的诗，只要一开始，你就很难停住，必须读下去。原因我认为是，李白的诗一气流转，这一股"气"不可抗御，让你非把诗读完不行。这在别的诗人作品中，是很难遇到的现象。在唐代，以及以后的一千多年中，对李白的诗几乎只有赞誉，而无批评。

季羡林藏书票。

五、杜甫的诗

杜甫也是一个伟大的诗人，千余年来，李杜并称。但是二人的创作风格却迥乎不同：李是飘逸豪放，而杜则是沉郁顿挫。从使用的格律上，也可以看出二人的不同。七律在李白集中比较少见，而在杜集中则颇多。摆脱七律的束缚，李白是没有枷锁跳舞；杜甫善于使用七律，则是带着枷锁跳舞，二人的舞都达到了极高的水平。在文学批评史上，杜甫颇受到一些人的指摘，而对李白则是绝无仅有。

六、南唐后主李煜的词

后主词传留下来的仅有三十多首，可分为前后两期：前期仍在江南当小皇帝，后期则已降宋。后期词不多，但是篇篇都是杰作，纯用白描，不作雕饰，一个典故也不用，话几乎都是平常的白话，老妪能解；然而意境却哀婉凄凉，千百年来打动了千百万人的心。在词史上巍然成一大家，受到了文艺批评家的赞赏。但是，对王国维在《人间词话》中赞美后主有佛祖的胸怀，我却至今尚不能解。

七、苏轼的诗文词

中国古代赞誉文人有三绝之说。三绝者，诗、书、画三个方面皆能达到极高水平之谓也。苏轼至少可以说已达到了五绝：诗、书、画、文、词。因此，我们可以说，苏轼是中国文学史和艺术史上的最全面的伟大天才。论诗，他为宋代一大家。论文,他是唐宋八大家之一。笔墨凝重,大气磅礴。论书,他是宋代苏、黄、宋、蔡四大家之首。论词,他摆脱了婉约派的传统,创豪放派,与辛弃疾并称。

八、纳兰性德的词

宋代以后,中国词的创作到了清代又掀起了一个新的高潮。名家辈出,风格不同,又都能各极其妙,实属难能可贵。在这群灿若明星的词家中,我独独喜爱纳兰性德。他是大学士明珠的儿子,生长于荣华富贵中,然而却胸怀愁思,流溢于楮墨之间。这一点我至今还难以得到满意的解释。从艺术性方面来看,他的词可以说是已经达到了完美的境界。

九、吴敬梓的《儒林外史》

胡适之先生给予《儒林外史》极高的评价。诗人冯至也酷爱此书。我自己也是极为喜爱《儒林外史》的。

此书的思想内容是反科举制度,昭然可见,用不着细说。它的特点在艺术性上。吴敬梓惜墨如金,从不作冗长的描述。书中人物众多,各有特性,作者只讲一个小故事,或用短短几句话,活脱脱一个人就仿佛站在我们眼前,栩栩如生。这种特技极为罕见。

十、曹雪芹的《红楼梦》

在古今中外众多的长篇小说中《红楼梦》是一颗璀璨的明

珠,是状元。中国其他长篇小说都没能成为"学",而"红学"则是显学。内容描述的是一个大家族的衰微的过程。本书特异之处也在它的艺术性上。书中人物众多,男女老幼、主子奴才、五行八作,应有尽有。作者有时只用寥寥数语而人物就活灵活现,让读者永远难忘。读这样一部书,主要是欣赏它的高超的艺术手法。那些把它政治化的无稽之谈,都是不可取的。

2001 年 3 月 21 日

我和东坡词

几年前的一段亲身经历，至今回忆起来，历历如在目前；然而其中的一点隐秘，我却始终无法解释。

患了老年性白内障，要动手术。要说怕得不得了，还不至于；要说心里一点波动都没有，也不是事实。坐车到医院去的路上，同行的人高谈阔论，我心里有点忐忑不安，一点也不想参加，我静默不语，在半梦幻状态中，忽然在心中背诵起来了苏东坡的词：

明月几时有？把酒问青天。不知天上宫阙，今夕是何年。我欲乘风归去，又恐琼楼玉宇，高处不胜寒。起舞弄清影，何似在人间！　转朱阁，低绮户，照无眠。不应有恨，何事长向别时圆？人有悲欢离合，月有阴晴圆缺，此事古难全。但愿人长久，千里共婵娟。

默诵完了一遍，再从头默诵起，最终自己也不知道，究竟默诵了多少遍，汽车到了医院。

在这样的时候，在这样的地方，我为什么单单默诵东坡这一首词，我至今不解。难道它与我当时的处境有什么神秘的联系吗？

在医院里住了几天，进行了细致的体验，终于把我送进了手术室。主刀人是施玉英大夫，号称"北京第一刀"，技术精

水調歌頭　蘇東坡

丙辰中秋，歡飲達旦，大醉，作此篇，兼懷子由。

明月何時有，把酒問青天。不知天上宮闕，今夕是何年。

季羨林

季羨林题《水调歌头》。

湛，万无一失，因此我一点顾虑都没有。但因我患有心脏病，为了保险起见，医院特请来一位心脏科专家，并运来极大的一台测量心脏的仪器，摆在手术台旁，以便随时监测我心跳的频率。于是我就有了两位大夫。我舒舒服服地躺上了手术台。动手术的右眼虽然进行了麻醉，但我的脑筋是十分清楚的，耳朵也不含糊。手术开始后，我听到两位大夫慢声细语地交换着意见，间或还听到了仪器碰撞的声音。一切我都觉得很美妙。但是，我又在半梦幻的状态中，心里忽然又默诵起宋词来，仍然是苏东坡的，不是上面那一首，而是：

缥渺红妆照浅溪，薄云疏雨不成泥。送君何处古台西。
废沼夜来秋水满，茂陵深处晓莺啼。行人肠断草凄迷。

我仍然是循环往复地默诵，一遍又一遍，一直到走下手术台。

在这样的时候，在这样的地方，我为什么偏偏又默诵起词来，而且又是东坡的。其原因我至今不解。难道这又与我当时的处境有什么神秘的联系吗？

这样的问题，我无法解释。

但是，我觉得，如果真要想求得一个答复，也是有可能找得到的。

我不是诗词专家，只有爱好，不懂评论。可是读得多了，管窥蠡测，似乎也能有点个人的看法。现在不妨写了出来，供大家品评。

中国词家一向把词分为婉约与豪放两派。每一派中的诸作者也都各有特点，不完全是一个模样。在婉约派中，我最喜欢的是李后主、李易安和纳兰性德。在豪放派中，我最欣赏的是苏东坡。

原因何在呢？

我想提出一个真正的专家学者从来没有提过的肯定是野狐谈禅的说法。为了把问题说明白，我想先拉一位诗人来作陪，他就是李太白。我个人浅见认为，太白和东坡是中国几千年的文学史上两位最有天才的最伟大的作家。他们俩共同的特点是：为文如万斛泉涌，不择地而出，文不加点，倚马可待。每一首诗词，好像都是一气呵成，一气流转。他们写的时候，笔不停挥，欲住不能；我们读的时候，也是欲停不能，宛如高山滑雪，必须一气到底，中间决无停留的可能。这一种气或者气势，洋溢充沛在他们诗词之中，霈然不可抗御。批评家和美学家怎样解释这个现象，我不得而知，这现象是明明白白地存在着的，我则丝毫也不怀疑。

我在下面举太白的几首诗，以资对比：

> 长安一片月，
> 万户捣衣声。
> 秋风吹不断，
> 总是玉关情。
> 何日平胡虏，
> 良人罢远征。

> 明月出天山，
> 苍茫云海间。
> 长风几万里，

吹度玉门关。

蜀僧抱绿绮，
西下峨眉峰，
为我一挥手，
如听万壑松。

你无论读上面哪一首诗，你能中途停下吗？真仿佛有一股力量，一股气势，在后面推动着你，非读下去不行，读东坡的词，亦复如是。这就是我独独推崇东坡和太白的原因。

这种想法，过去并没有明确地意识到过，它埋藏在我心中有年矣。白内障动手术是我平生一件大事，它触动了我的内心，于是这种想法就下意识地涌出来，东坡词适逢其会自然流出了。

我的文艺理论水平低，只能说出，无法解释，尚望内行里手有以教我。

2000 年 3 月 20 日

唐常建的一首诗

前一个阶段，每当我在输液众瓶威慑之下吓得连呼吸都有点战战兢兢的时候，我的脑袋一躺在枕头上，唐代诗人常建的一首诗（《题破山寺后禅院》）便浮现到我的眼前：

　　清晨入古寺，初日照高林。
　　曲径通幽处，禅房花木深。
　　山光悦鸟性，潭影空人心。
　　万籁此俱寂，但余钟磬音。

异哉！怪哉！胡为乎来哉！我同这一首诗相别恐怕已有几十年的时间了。哪里会想到，它竟光临了三〇一医院，在这里恭候我哩。

细想起来，其中也似乎有道理。诗中的"曲径通幽"四个字，常在文人学士的笔下出现。这代表了一种生活情趣，一种审美情趣，为西方文人所无法理解的。

中国古代没有纯粹的山水诗，我的看法是，有之自六朝始，而应以谢灵运为鼻祖。这同佛教的传入和印度文化的影响有密切的关联。印度的佛祖就住在灵鹫山上。在中国，到了唐代，山水诗蔚成大观，王维的那一些山水诗遂独步天下了。唐代许多诗人都创作山水诗。唐代以后，这个传统继续发展。宋代诗中也有大量的山水诗。这个爱山水诗的传统一直存在下来，直至近现代。清新秀丽的山山水水，能在人们心中唤起心旷神怡的感情。这种感情是每一个人都需要的。更何况此时躺在病床上输液的我呢。

2003 年 6 月 24 日于三〇一医院

漫谈刘姥姥

我喜欢《红楼梦》，年轻时曾读过多遍。但我不是红学家。我站在红坛下，翘首仰望，只见坛上刀光剑影，论争极为激烈。我登坛无意，参战乏力。不揣谫陋，弄一点小玩意儿，为坛上战士助兴。

我想谈一谈刘姥姥。

在《红楼梦》中，刘姥姥只是一个顺便提到的人物。作者对她着墨不多，却活脱脱刻画出一个精通世故的农村老太婆。在第三十九回，写到刘姥姥来到了荣国府，送来了农村产的瓜果野菜，本来想当天就回去的。但是她却时来运转，得到了贾母的欢心，于是就留下多住了一些天。荣国府中，大观园内，那一群以贾母为首的老太太、太太、小姐、公子，甚至那一些上得台盘的大丫头，天天锦衣玉食，养尊处优，除了间或饮宴赋诗之外，互相也产生一些小矛盾，耍些小心眼，总而言之，生活是十分单调、呆板、寂寞、无聊。这样的生活环境，他们自己是无法改变的。现在忽然从天上掉下来一个乡下老婆子。鸳鸯首先打上了刘姥姥的主意，她笑着说："天天咱们说，外头老爷们，饮酒吃饭，都有个凑趣儿的。咱们今儿也得了个女清客了。"她是想捉弄一下刘姥姥，逗逗乐儿，让大家开一开心。在《红楼梦》里，凡是干坏事儿，几乎都有凤姐儿一份。这一次，她又同鸳鸯勾结，狼狈为奸。她们先拿给刘姥姥一双老年四楞象牙镶金的筷子，沉甸甸的，让她夹不起菜。事前又告诉她，要说些什么话。贾母一说："请！"刘姥姥便站起身来，高声说道："老刘！老刘！食量大如牛。吃个老母猪不抬头！"说完，鼓着腮帮子，两眼直视，一声不语。"上上下下都一齐哈哈大笑起来"。下面就是那一个有名的一个鸽子蛋值一两银子的故事，限于篇幅，我不再引了。

总之，刘姥姥这一次客串清客，获得了异常大的成功。大观园中这一群老太太、太太、小姐、公子，看到了在凤姐导演下的刘姥姥的表演，笑得前仰后合。对他们来说，这是极难得的机遇。刘姥姥则乘机饱餐一顿，真可谓皆大欢喜。

刘姥姥对自己表演的这个角色明白不明白呢？她完全明白。她对鸳鸯说："姑娘说哪里的话？咱们哄着老太太开个心儿，有什么恼的。你先嘱咐我，我就明白了，不过大家取笑儿。我要恼，我就不说了。"不但刘姥姥心里明白，连作者也是清楚的。在第三十九回，作者写道："刘姥姥虽是个村野人，却生来的有些见识，况且年纪老了，世情上经历过的，见头一件贾母高兴，第二件这些哥儿姐儿都爱听，便没话也编出些话来讲。"总之，我的印象是，荣国府里这些皇亲国戚，本来是想让刘姥姥出出丑，供他们喜乐。然而结果却是，表面上刘姥姥处处被动，实际上却处处主动，把这一群贵族玩弄于股掌之上。

我的结论，刘姥姥是《红楼梦》中最聪明的人。贾家破败时，抚养凤姐儿遗孤的就是刘姥姥。可见她又是一个忠厚诚恳的人。

2001 年 12 月 1 日

读朱自清《背影》

这几乎是一篇家喻户晓的名篇,自来论之者众矣。但是,我总觉得,还有许多话要说,所以写了这一篇短文。

从艺术性来看,这篇文章朴素无华,语言淳朴自然,毫无矫揉造作之处。这是朱自清先生一贯的文风,实际上用不着再多费笔墨,众多的评论家,在这一点上,意见几乎是完全一致的。

至于思想性,则可说的话就非常非常多了。我个人认为,有一些十分重要的话,过去并没有人说过,不能不影响对这一名篇的欣赏。

要想真正理解这一篇文章的含义,不能不从中华民族的文化、中华民族的历史谈起。什么是中华文化的精义呢?几乎言人人殊,论点多如牛毛。但我认为,都没有说到点子上。先师陈寅恪先生在《王观堂先生挽词》的《序》中说:"吾中国文化之定义,见于《白虎通》三纲六纪之说,其意义为抽象理想最高之境,犹希腊柏拉图所谓 Idea 者。"《白虎通》的"三纲",指的是君臣、父子、夫妇。"六纪"指的是诸父、兄弟、族人、诸舅、师长、朋友。这些话今天看来未免有点迂腐,也不能说其中没有糟粕,比如"夫为妇纲"之类。至于君臣,今天根本没有了;但是国家与人民却差堪比拟。总之,我们应取其精髓,不能拘泥于字面。

无独有偶,我偶然读到香港著名学者饶宗颐教授的一篇访问记。饶先生说："中国文化所以能延绵数千年，仍有如此凝聚力量，实乃受两个因素所驱使，一是文字，二是纲纪，即礼也。依我多年所悟，中华文化的特点，是在儒家思想中的'礼'，是处理人际关系的学问，这个关系就建立在道德的基础上，要明是非，方能取得'和'，所以《论语》说：'礼之用，和为贵。'"

饶先生的意见同陈先生几乎是完全一致的。这两位哲人实在可以说是"英雄所见略同"。今天，人们在国内讲"安定团结"，在国际上我们主张和平，讲"和为贵"。人际关系和国际关系，都需要一定道德伦理的制约，纲纪就是制约的手段。没有这个手段，则国将大乱，国际间也不会安宁。打一个简单明了的比方，纲纪犹如大街上的红绿灯。试思：如果大街上没有了红绿灯，情况将会何等混乱，不是一想就明白吗？

我仿佛听到有人提抗议了：你扯这么远，讲这样一些大道理，究竟想干什么呢？

我并没有走题，而且是紧紧地扣住了题，《背影》表现的就正是三纲之一的父子这一纲的真精神。中国一向主张父慈子孝。在社会上，孝是一种美德。在历史上，不知道有多少皇帝标榜"以孝治天下"。然而，在西方呢？拿英文来说，根本就没有一个与汉文"孝"字相当的单词，要想翻译中国的"孝"字，必须绕一个弯子，译作 Filial riety，直译就是"子女的虔诚"。你看啰唆不啰唆！

这一字之差，有人或许说这是一件小事。然而，据我看，这却是一件大事，明确地说明了东西方社会伦理道德之不同。我只说我们的好，不说别人的坏。西方当然也有制约社会活动求得安定的办法，否则社会将不成为社会了。我们中国办法

"南饶北季"于泰国聚首。

就是利用几千年传下来的文化，特别是其中的精义纲纪的学说来调整人际关系，人际关系得到调整，则社会安定也就有了保障。再济之以法，那么天下就可以太平了。

我觉得，读朱自清先生的《背影》，就应该把眼光放远，远到齐家、治国、平天下。然后才能真正体会到这篇名文所蕴含的真精神。若只拘泥于欣赏真挚感人的父子之情，则眼光就未免太短浅了。

1995 年 2 月 21 日

读《敬宜笔记》有感

近几年来,由于眼睛昏花,极少能读成本的书。可是,前些日子,范敬宜先生来舍下,送来他的《敬宜笔记》。我翻看了一篇,就被它吸引住,在诸事丛杂中,没用了很长的时间,就把全书读完了。我明白了很多人情事理,得到了极大的美感享受。我必须对范先生表示最诚挚的谢意和敬意。同样的谢意和敬意也必须给予小钢,是她给敬宜在《夜光杯》上开辟了专栏。

书中的文章都是非常短的。内容则比较多样。有的讲世界大事,有的讲国家大事,更多的则是市井小事,个人感受。没有半句假话、大话、空话、废话和套话。讲问题则是单刀直入,直抒胸臆。我想用四个"真"字来表示:真实、真切、真诚、真挚。可以称之为四真之境。

最值得注意的是文风。每一篇都如行云流水,舒卷自如,不加雕饰,秀色天成。读的时候,你的思想,你的感情也都为文章所吸引,或卷或舒,得大自由,得大自在。

但是,这里却有了问题。

我仿佛听到有人责问我:你不是主张写散文必须惨淡经营吗?你现在是不是改变了主意?答曰:我并没有改变主意。我仍然主张惨淡经营。中国是世界上的散文大国,几千年来,名篇佳作浩如烟海。惨淡经营是我从中归纳出来的,抽绎出来的一点经验,一条规律,并不是我的发明、创造,我不敢居功自傲。

　　但是，仅仅这样说，还不够全面。古代的散文大家们还有另外一种情况。他们写庄重典雅的大文章时一定是惨淡经营的，讲结构，讲节奏，字斟句酌，再三推敲，加心加意，一丝不苟。但是，如果即景生情，则也信笔挥洒，仿佛是信手拈来，自成妙文。二者之间有什么联系吗？二者之间是什么关系呢？我认为是有联系的。信手拈来的妙文是在长期惨淡经营的基础上的神来之笔。拿书法和绘画来打个比方。书法必须先写正楷，横平竖直，点画分明。然后才能在这个基础上任意发挥。如果没有这个基础，浮躁浅薄，急于求成，这样的书法只能成为鬼画符。绘画必须先写生素描。没有下这一番苦工而乱涂乱抹，也只能成为鬼画符。

　　范敬宜的"笔记"是他自己的谦称，实际上都是美妙的散文或小品文。他几十年从事报纸编辑工作，有丰富的惨淡经营的经验。现在的"笔记"就是在这个基础上信手拈来的。敬宜不但在写作上有坚实的基础，实际上还是一位中国古代称之为"三绝"的人物，诗、书、画无不精妙。他还有胜于古代的"三绝"之处，他精通西方文化，怕是古人难以望其项背的。我杜撰一个名词，称之为"四绝"。

　　我忽然浮想联翩，想到了范敬宜先生的祖先宋代文武双全的大人物范仲淹。他的名著《岳阳楼记》是千古名篇，其中的两句话"先天下之忧而忧，后天下之乐而乐"是今天许多先进人物的座右铭。孟子说："君子之泽，五世而斩。"现在看来，范仲淹之泽，数十世而不斩。今天又出了像范敬宜这样的人物。我还想顺便提一句：今天范仲淹的后代还有一位范曾，也是一个"四绝"的人物。这个现象颇值得注意。

最后,我还想奉劝《夜光杯》的读者们:见了范敬宜的"笔记",千万不要放过。

2002 年 4 月 6 日

读《人生宝典》

高占祥同志,当代《畸人传》或《无双谱》中人物也。其所以"畸",其所以"无双",就因为他同别人不一样。他为高官,为显宦,为诗人,为学者,为这,为那,不知道有多少"为"。他能文,能画,能摄影,能书法,能管理,能交友,能这,能那,又不知道有多少"能"。这一些"为"与"能",就使他进入《畸人传》,进入《无双谱》,就形成了"高占祥现象"。为中国的诗坛、画坛、文坛、政坛,还有些什么坛增添了奇光异彩。

我行年90,老迈龙钟,耳半聪,目半明,步履蹒跚,艰于行动。连每天收到的信件和报纸,都需要别人读给我听。新出版的书籍则很少过问。对高占祥这个名字,也只是"如雷贯耳",他的书则一本也没有读过。前不久,忽然蒙他垂青,赠给我了他自己的著作数种。我在惊喜之余,连忙武装起来,眼戴深度老花镜,手持放大镜,用艰苦卓绝的精神,宛如攀登珠穆朗玛峰,一句句,一页页,把《人生宝典》大体上读了一遍。套一句幼年读私塾时写文章的烂调:"不禁有所感焉。"

我"感"的是什么呢?

首先是高占祥同志在十多年前就感到,在我们新社会中亮点虽多;但是不亮之处亦复不少。社会道德水平亟待提高。于是拿起笔来,"妙手著文章",给人们提供榜样,提供理论依据。如今,"以德治国"之口号洋洋乎盈耳矣。占祥同志先见之明不值得我"感"吗?

其次,高占祥同志从各个方面思考人生道德修养问题,细大不捐,了无遗漏;用简明朴素的语言,阐明平常而又深刻的道理;不是死板的教条,而是活生生的典范。称之为《人生宝典》,实在是名副其实的,面对这样的一本书,我能不"感"吗?

最后,last but not least,我想谈一谈本书的内容。对人对己进行伦理道德教育或修养,其道多端。但笼统言之,不出两途:一高一低。高者陈义极高,高到"高不可攀"的程度。宛如示人以"海上三山",云雾缭绕,美妙无极,然而可望而不可即。又如示人以镜中花,水中月,晶莹澄澈,动人心魄,然而却是无论如何也拿不到手的。最著名的例子就是"毫不利己,专门利人",一个"毫不",再加上一个"专门",一记杀威棍,把你打入地下。至矣极矣,无以复加矣;然而试问古往今来的圣贤豪杰有几个人真正能够做到的?这样的道德教条只能让人望而却步。芸芸众人会想:"反正做不到,不如不去追求吧!依然故我,反而落得一个潇洒。"

低者陈义不高,有时甚至显得琐细,然而却切实可行。从小处做起,从现在做起,从个人做起。古人说:"不以善小而不为,不以恶小而为之。"这实在是见道之言。杜甫诗:"润物细无声。"虽然又"细",又"无声",然而最终"物"却被"润"了。积众小而为一大,一个人在不知不觉中,道德修养就一步步提高起来。如果全社会都能这样,则天下焉能不治!"以德治国"的号召焉能得不到贯彻!人世间焉能不祥和!人类的精神境界焉能不提高!我觉得,高占祥同志的《人生宝典》正是这样一部起点似低而实极高的书,有实事求是之心,无哗众取宠之意，此其所以可贵也。

　　这一部《人生宝典》是真正的"人生宝典"。

　　高占祥应该列入《畸人传》或者《无双谱》。

　　这就是我的"初读高占祥"。

2001 年 5 月 29 日

《烙印》（书评）

《烙印》（诗集），臧克家作。闻一多序。每册定价四角。代售处，各大书局（如不能得可函青岛国立山东大学臧克家君询购）。

本书共包含新诗二十二首，听说是在出版前经过许多人选定的。作者的确写过许多极坏的诗，幸而都在选的时候删掉了，所以留在这集子里的，大半都还令人满意。

看到这书的标题《烙印》，我们大概就可以推想到这书的内容，你看——

痛苦中我心上打个印烙，
刻刻警醒我这是在生活。
　　　　　　　　　　——《烙印》
这可不是混着好玩，这是生活。
　　　　　　　　　　——《生活》

罗曼·罗兰说："生活是严重的。"这几句诗不正表示了这严重吗？作者感觉到生活的痛苦和严重，写了出来。但是又推己及人，想到了别人的，尤其是被压迫者的痛苦，也写了出来。于是在这小小的集子里，难民、炭矿工、洋车、神女、贩鱼郎、短工等就都有了地位。他替他们诉苦，替他们呼号。闻先生在序里说："没有克家自身的'嚼着苦汁营生'的经验，和他对这种经验的了解，单是嚷嚷着替别人的痛苦不平，或怂恿别人自己去不平，那至少往往像是一种热气……"这的确是了解作者的话。

但是，在这里，又连带上了别的问题：根据自己的痛苦，能推想到别人的痛苦吗？在一定的范围以内，我们不能否认，是可以推想得到的。但是，无论怎样，在生活没有彻底改造以前，以一个大学生去写炭矿工、当炉女的心情，总有点像"隔皮猜瓜"。无论是——

别看他们现在比猪还蠢，
有那一天，心上迸出个突然的勇敢。
——《炭鬼》

或者是——

她眼钉住他，手却不停放，
果敢咬住牙根："什么都由我承当！"
——《当炉女》

给人的印象，总是，诗人从象牙塔里探出头来指指点点地说着梦话。"他抬起头望望前面"（《老马》），这望望也是漠然的。

捣碎这黑暗的囚牢，头顶落下一个光天。
——《炭鬼》

也不过是旁观者诗人的灵光一闪，说到最好处，不过是预言者

季羡林与《烙印》作者臧克家（右一）。

的诗人嗅到新的气息而已。

　　然而作者究竟要比一般自命的革命文学家高明。他写的即便不是炭工的真正痛苦，写出的究竟是诗，而且不坏的诗。写的究竟是普遍的人间的苦闷。我们还要求什么呢？

　　在《洋车夫》里诗人说：

　　　　他的心是个古怪的谜。

真的。诗人要想了解这个谜吗？请你再向前走一步。

原载天津《大公报·文学副刊》1933年9月4日第11版

巴金著长篇小说《家》（书评）

这是巴金的长篇小说《激流》的第一部，然而已经占了654页的篇幅。其余还要写几部（据此书"后记"：第二部定名为《群》），每部有若干字，我们很难预知。但揣想起来，量大方面一定会很惊人的罢。这，我们虽然不能就定为是本书的优点；最少对巴金先生的这种毅力，我们是极端钦佩的，尤其是在贫弱到无以复加的中国文坛上。

写了《灭亡》的巴金，的确曾给人们以希望。但是跟着来的，是轻微的不满足。眼看着巴金的名字在杂志上显露的次数一天天多起来，在人们的谈话里也时可以听到，而且接二连三地出着小说集，短篇的，长篇的。然而作品给人的印象只是空虚，虽然有时也露出努力挣扎的痕迹，结果仍然是空虚。一直到最近《家》的出版，我们才又看到我们希望所寄托的巴金——他已经有点儿变样了。

家，谁能没有家呢？据"后记"里说，这是描写一个正在崩坏的资产阶级的家庭的全部悲欢离合的历史。我们不必到意识检定所去受检定，我们之中的大部分，我敢说，都有被派为资产阶级的资格。人人都要有家，大部分人又有资产阶级的家。描写的不正是我们吗？在这里面，我们能发现个人的影子，其余的对我们也不生疏，因为，在家庭里，每日围绕着我们的就是这些影子。这大概就是我们读起来觉得很亲切的原因罢。

在这里，很奇怪地，我想到了《红楼梦》。胡适先生说，

《红楼梦》描写的是大家庭的没落。在某一种观点看起来，他是对的。在《红楼梦》里，我们看到家庭分子间的倾轧，我们有宝玉，有被宝玉爱着的林黛玉。但是这是许多年前的事了。然而在现在的大多数的家庭里，我们仍然看见倾轧，我们仍然有变相的或自命的宝玉，有变相的林黛玉。周作人先生说，历史告诉你又要这样做了。真的，现在又要这样做了，就在这《家》里。

然而，也究竟有了不同。这家里有了觉慧那样的叛徒。他看穿了家庭的黑暗，他反抗，他毅然脱离家庭。虽然我们不能否认这种事情发生的可能，但是巴金把过量的英雄主义的色彩加到觉慧身上也是不可否认的事实。

在技术方面，这书与以前有着显然的不同，然却是比较的令人满意了。在以前，著者喜欢用的是冗长的句子和节段，给人的印象是沉重，有点儿近于笨滞。现在则比较轻松活泼，很有暗示的力量。然而（一件事情的长处往往就是它的短处）惟其这样，读起来总感到轻浮，不很沉着。这我没有别的话说，只好怪作者的修养不足了。

同巴金一样，我们之中大部分都是从这种家庭出来的。我们周围同样的是无边的黑暗，我们也看到有一股生活之激流在动荡，开创它自己的径路。巴金先生很客气地说，他不是说教者，他不能够明确地指出一条路来。但是，在这书里，我们却看到他藉了主人公觉慧指给我们的路，但是只指了一半。不管这路我们是否走得通。因为有了路，究竟能给我们勇气。就为这单纯的原因，我们希望《群》的出现。

原载天津《大公报·文学副刊》1933年9月11日第11版

陆志韦白话诗第三集
《申酉小唱》（书评）

本书（非卖品）共包含小诗二十余首，是为了送人留纪念而印的（陆先生本年在燕京大学休假，赴欧美研究）。陆先生以前也写过诗，本刊第百十期曾有专文评其白话诗第二集。在本书我们又看出了两个新的倾向：一是哲理的倾向，譬如：

> 见马想骑，
> 见狗想到它能守夜，
> 见猪想吃猪肉而已，
> 蠢者猪也。
>
> ——《猪》

古朴率真，而富哲理。令我们想到古希腊哲人的哲言和宋明的语录。第二是民歌的倾向。本书的第一特色即在纯朴不加修饰，再加上重复和叠句，就很容易变成民歌，譬如：

> 十月二十八，
> 丰台来菊花。
> 十月二十九，
> 雀儿满地走。
>
> ——《连日过护国寺》

与我们平常所接触到的新诗，总觉得有点不同。因为这里面没有欧化的痕迹。这条路——由民歌而产生伟大的诗，走得通，也未始不可以替中国彷徨迷离的诗坛开一条新路，德国就是个先例。只要应用得好。

原载天津《大公报·文学副刊》1933年10月16日第11版

老舍的《离婚》
（良友文学丛书第八种，书评）

我们不能尽写那些脑子里尽是马克思或尼采的不安分的大学生，我们的眼光也不能只在大上海的交易场或跳舞厅中转，连那些忍苦含辛任天任命的工人农民也不能代表了我们民族的全体。究竟我们民族中还有着这么一批顶不入流的中等阶级，他们是既不宜于悲剧又不宜于喜剧——或者说是又宜于悲剧又宜于喜剧，然而这出剧多半是不大动人的了——他们是懦怯地，彷徨地，顶不康健地活着。是的，不康健地。我觉得这个字最能形容他们。他们悔恨，怀疑，甚或至于诅咒他们的环境生活和命运，但是你不能希望他们像工人们在被压迫到极点的时候扔下锄头喊一声："不干了！"他们的"鞠躬像纸人的"或者"方墩式"的妻子和他们的黑小子胖姑娘，还有那看不见的什么，逼着他们，鞭策着他们每天爬到那个张着大嘴的冷森森的衙门里去。他们受的束缚不见得比做轮子绞链的奴隶的工人们受的松。然而他们也是中国人，也许是更中国的中国人。只要你上北平的东安市场或西单市场，你会遇见上千个——这种中国的 Babbitt。老舍先生写完老张，写完赵子曰和老马，他的笔兴扫到了这般人头上。在这书里有：饭桶兼把式匠的吴太极，流氓兼北平俗语搜集者的孙先生，苦闷的象征兼科员的丘先生，懦怯无可奈何的主人翁李先生，还有那位百事好的男性媒婆张大哥——这个道地的 Babbitt。他们一起搅在这酸牛乳似的北平，每天叹气，每天担忧，每天办公。

这是一部写实的小说，几乎是有一点倾向于自然主义。作者很淋漓地暴露了他的角色以及这些角色活动的领域，他一点不遮掩，且从来不用什么暗示的或是所谓烘云托月那种雅得俗的笔法。在一色描写来说，他是一个讽刺画家（carfcaturlst）。讽刺画家画墨索里尼的时候，特别把下巴画得方到不可能；画孙科，两个眼镜占了脸的一半。这就是说：他把他要画的角色的特性抓住，给夸大起来，叫你一看就认识这是谁。作者在此用的完全是这种手法，所以他的角色全有点夸大（exaggerated）明显，并且，很自然的是，平板。他们是平面的，不是立体的——除了马家少奶奶那一个角色例外。在这一点上，作者是完全像迭更司（Charles Dickens）。不但大体上像，连单个角色中也颇有吻合于迭更司的人物：小赵是活里活脱的喜迫（Ulrah Heap，见《块肉余生述》），连行为及其结果都像，丁二爷则更是百分之百的密考伯（Micawber，亦见上书），那样的无用那样的潦倒而又终于救了一切人。

这里还有一点遗憾者：我们不能不替那些过分的议论抱歉，他们和那些上品的嘲讽绝对地不和谐。

原载天津《大公报・文学副刊》1933年12月25日第11版

勃克夫人新著小说《诸子》
（书评）

勃克夫人（Pearl S.Buck）自出版《佳壤》（*The Good Earth*）后，一跃而为文坛骄子。所作小说，本刊已屡有介绍。近又发表其新作《诸子》（Sons），美国 John Day 书店出版，定价美金二元五角。此书实为《佳壤》续篇，文笔简洁独到，结构复杂，写来亦较《佳壤》为有力。在《佳壤》中，勃克夫人所描写之中国人，虽乏明确个性，究非向壁虚造，如此一般外人所想象之中国人。夫人对此等人实有相当了解，于其生活习性尚能明悉。如阿兰，如梨花，如王龙，夫人皆熟悉之，以故写来得心应手，栩栩有生气。至《诸子》中所描写之人物，则颇与夫人隔膜。主角王虎，为王龙之子，然行为思想大异乃父。夫人于此乃不得已而借助他山。夫人现正译《水浒》为英文。《水浒》中所描写之人物，颇有与夫人意想中之王虎相类者。于是其个性描写及背景，多受《水浒》暗示，即文体亦较《佳壤》更中国化矣。吾侪读之，虽仍欣赏其朴素之文体，然描写不能卷舒自如，时现局促之状。人物所与之印象亦甚暗淡，颇疑其所写实非现在有血有肉之中国人矣。

本书开首为一转变点，叙王龙之死。终结时为一转变点，叙王虎之猛醒及其子之重归佳壤。中间叙家庭中暗斗明争，王虎及其弟子贸易纠葛，王虎之重婚及归家。书中不时点出佳壤，为全篇主要线索。王龙占据佳壤之精神重现于其妻梨花，重现于王虎之子及其弟，不但使全书有一贯精神，而又与《佳壤》所提及者连接为一，即家庭之盛衰。家庭之盛衰实即中华民族盛衰之象征。中国以农立国。一般人民出自佳壤，终仍遗彼佳壤。此种盛衰兴亡，新陈代谢之悲喜剧，充满中国各地，无日无之。夫人擒住此点，表而出之，实为独具只眼。

此书叙述静止时之王虎，颇称完美。但一涉行动，则近平庸。即《佳壤》中之女主角阿兰，为人物之最生动者，亦令人有同感。于此可见，夫人了解中国女人虽较男人为深切，究不能获得中国人行动之要点。此外，夫人未能了解中国人对人生之态度，亦为缺点之一。随之表现于此书中之中国礼法，完全在形式方面。

自夫人观之，中国所谓父子兄弟夫妇朋友皆为形式的，毫无真情。此乃一般外人之偏见，夫人自非例外。然中国五伦之相互关系，实多出于至情，绝非纯由矫揉造作者。夫人有先人成见，写来多与实情扞格。国人颇有攻击之者，然亦不必，盖夫人之缺乏大艺术家手腕，幻想力不足，为不可掩饰之事实。但其态度则极严重。书中时有对中国人自甘堕落之嘲笑，但亦不乏同情。对自己工作亦有责任观念。夫人非不欲深切了解中国人，为时势所限耳。陈西滢君谓夫人"在西方人所写的中国小说中有空前的贡献"，实为知言。

原载天津《大公报·文学副刊》1933年5月22日第11版

《蒙田随笔全集》序

译林出版社准备出版《蒙田随笔全集》，征序于我。我没有怎样考虑，就答应了下来。原因似乎颇为微妙，看似简单，实极曲折。首先是韩沪麟先生来我家，是孟华女士陪来。我对孟华一向是深信不疑，她决不会随随便便陪等闲之辈到我家来的。因此我非答应不行。其次我对蒙田还算是熟悉的，只是由于我个人研究方向的转变，同蒙田已经久违了。现在一旦提起，似乎有话要说，所以就答应了。

万没有想到，这第二条理由却使我尝到了一点不大不小的苦头：原以为自己真有话可说，等到拿起笔来，心中却空空如也。我现在是"马行在夹道内，难以回头"了，不说也得说了。但是，倒三不着两，随便扯几句淡，勉强凑成一篇序八股，也并不难。可这不是我的作风，这样既对不起出版社，也对不起读者，而且也对不起自己。

我眼前只有一条路可走，那就是，重读原作。当年我当学生时，梁宗岱先生翻译的《蒙田试笔》，我曾读过，至今虽已年深日久，但依稀印象犹存。现在又把韩沪麟先生寄来的校样拿过来，翻看了其中的若干篇。我没有全读，现在从实招供，旧印象加上新阅读，自己觉得现在说话有了些根据，"莫怪气粗言语壮"，我已经有了点资本了。

我觉得，读这一部书，首先必须读《致读者》这一篇短文。蒙田说：

读者，这是一本真诚的书。我一上来就要提醒你，我写这本书纯粹是为了我的家庭和我个人，丝毫没考虑要对你有用，也没想赢得荣誉，这是我力所不能及的。

下面他又说：

读者，我自己是这部书的材料：你不应该把闲暇浪费在这样一部毫无价值的书上！再见！

蒙田说这是一本真诚的书，这话是可信的。整部书中，在许多地方，他对自己都进行了无情的剖析。但是，在我这个生活在他身后四百多年的外国人眼中，他似乎有点矫情。你不让读者读自己的书，那你又为什么把书拿来出版呢？干脆不出版，不更符合你的愿望吗？又如在上卷第八章中，蒙田写道：

它（指大脑——羡林注）就像脱缰的野马，成天有想不完的事，要比给它一件事思考时还要多想一百倍；我脑海里幻觉丛生，重重叠叠，杂乱无章，为了能够随时细察这种愚蠢和奇怪的行为，我开始将之一一笔录下来，指望日后会自感羞愧。

这也是很奇怪而不近人情的想法，难道写随笔的目的仅仅是为了日后让自己感到羞愧吗？我看，这也有点近于矫情。

但是，我们必须记住，矫情，一种特殊的矫情，与愤世嫉俗仅仅有一片薄纸的距离。

不管怎样，如果全书只有这样一些东西，蒙田的《随笔集》决不会在法国，在英国，在全世界有这样大的影响，它必有其不可磨灭的东西在。

蒙田以一个智者的目光，观察和思考大千世界的众生相，芸芸众生，林林总总，他从古希腊一直观察到16世纪，从法国一直观察到古代的埃及和波斯，发为文章，波澜壮阔。他博学多能，引古证今，鉴古知今，对许多人类共同有的思想感情，提出了自己独到的、有时似乎是奇特的见解，给人以深思、反省的机会，能提高人们对人生的理解。

要想把他所想到和写到的问题爬梳整理，十分困难。以我个人浅见所及，我认为，上卷的第三章《情感驱使我们追求未来》最值得注意。在这一篇随笔中，蒙田首先说：

> 有人指控人类总是盲目追求未来，他们教导我们要抓住眼前利益，安于现状，似乎未来的事情根本就无法把握，甚至比过去更难驾驭。

这都是很重要的意见。人类如果从变为人类的那一天起，就安于现状，不求未来，他们就不能够变到今天这个地步。我们甚至可以说，如果化成人类的那一种猿或者其他什么动物安于现状的话，它们就根本变不成人类。人之所以异于禽兽者几希，这个"几希"就包含着不安于现状。

蒙田在下面接着说：

> "做你自己的事，要有自知之明"，人们通常将这一

箴言归功于柏拉图。这一格言的每个部分概括了我们的责任,而两部分之间又互相包含,当一个人要做自己的事时,就会发现他首先做的便是认识自我,明确自己该做什么。有了自知之明,就不会去多管闲事,首先会自尊自爱,自修其身;就不会忙忙碌碌,劳而无功,不会想不该想的,说不该说的。

柏拉图这两句话,是非常有名的话,不但在西方流传了两千多年,而且也传入中国,受到了赞赏。其所以如此,就因为它搔到了痒处,道出了真理。中国人不也常说"人贵有自知之明"吗?可见人同此心,心同此理,时间和空间的巨大距离,也不能隔断。按常理说,最了解自己的应该说还是自己。"近水楼台先得月"嘛。然而,根据我个人的观察,在花花世界中,争名于朝,争利于市,真正能了解自己的人,真如凤毛麟角,绝大部分人是自高自大,自己把自己看得超过了真实的水平。间亦有患自卑症者,这是过犹不及,都不可取。完全客观地、实事求是地给自己一个恰如其分的评价,戛戛乎难矣哉!然而这却是非常必要的,对个人,对社会,对国家来说,都是这样。

在这一部书中,类似这样的零金碎玉,还可以找到不少。只要挑选对头,就能够让我们终身受用。我在这里还要声明一句,蒙田的观点我并不全部接受,理由用不着解释。

在写书、出书方面,我有一个"狭隘的功利主义"观点。我认为,出书必定要有用,对个人有用,对社会和国家有用。这个"用",当然不应该理解得太窄狭。美感享受也是一种"用",如果一点用处都没有的书,大可以不必出。

我认为,《蒙田随笔全集》是一部有用的书,很有用的书。

最后,我还想就"随笔"这个词儿说几句话。这个词儿法文原文是 essai,这一下子就会让人联想到英文的 essay,从形式上来看就能知道,这本是一词儿。德文则把法文的 essai 和英文的 essay 兼收并蓄,统统纳入德文的词汇中。这在法、英、德三国文学中是一种体裁的名称,而在中国则是散文、随笔、小品等不同的名称。其间差别何在呢?我没有读"文学概论"一类的书,不知专家们如何下定义,有的书上和杂志上居然也把三者分列。个中道理,我区分不出来。

谈到散文、随笔、小品,中国是世界上第一大国,我们的经、史、子、集中都有上乘佳作,为任何国家所望尘莫及。在欧洲,则英国算得上散文、随笔的大国,名家辈出,灿如列星。法国次之,而德国则颇有逊色,上面举的 essai 和 essay 就可以充分说明这种现象。欧洲国家文化和文学传统本是同源,为什么在创作体裁方面竟有这样差距?我还没有看到哪一位比较文学家论证探讨过这个问题。我希望将来会有。

1997 年 9 月 24 日

《往事琐忆》序

景瑞是我的同乡，是小同乡，小到同村，我们都出生在山东省临清市康庄镇官庄。官庄是临清境内相当贫困的一个小村庄。

景瑞家和我家是世交。我直到现在还搞不清楚，我小的时候竟有一位老师，名叫马景（金？）恭。我六岁就离开了官庄，而且家里极穷，按年龄，按家境，都请不起一位老师的。可我偏偏有一位老师。他是景瑞的什么人，我不知道。当时我们家住在村南一个单独的宅子里。原来是一个四合院，后来，北房正房和东房都被拆掉，卖了砖瓦，只留下西房，供我们一家住。房前有一棵高过屋顶的杏树，结的是酸杏，而马老师偏偏爱吃酸杏。至今马老师站在树下摘杏的影像，还历历浮现在我的眼前。

景瑞和我是忘年交，我长他二三十岁。我在北大教书，他正上大学。忘记了是在一个什么场合下我们见了面，认识了，成了朋友，这友谊一直维持了几十年，至今不衰。他给我的第一个印象是，温文尔雅，面有书卷气。我暗自思忖：官庄出了一个人才。

我的想法和希望没有落空，景瑞大学毕业后，在临清一中教了一阵子国文。他是科班出身，兼又工作努力，因而做出了成绩，得到了赞誉。后来弃学从政，担任了市领导职务，也为人民做了不少好事。最后，因年龄关系，退休在家。

景瑞其实并没有休。他是读书人出身，读书就是生活的第一需要。他现在摆脱了政治活动和社会活动，有了充足的时间，读书、练字，而且又拿起笔来，写一些散文之类的短文。现在出的这一个集子就是从众多散文中挑选出来的。

中国现代文学史，一般都认为是从"五四"运动开始的。主要标志当然就是文言变白话。八十多年以来，在诗歌、小说、戏剧、散文等等方面，应该说，都做出了成绩；但是并不是都斐然可观的。小说和戏剧，在形式上，已经全部欧化，这里不去谈它。最有成绩的，我认为就是散文。这现象解释起来并不困难。散文没有固定的形式，而且中国自古就是世界散文大国，创作传统底蕴丰厚，现在再融入一点西方散文家的韵味，因此产生了不少风格各异、气韵生动的散文作家，为读者普遍所喜爱。但是，同样毋庸讳言的是，有极少数散文作家，成名心切，想走捷径、出冷门，写出了一些词句不通，内容含混，恐怕连他们自己也不懂的所谓散文。这充分表明了一部分人的浮躁心情，我们应当引以为戒。

景瑞的散文创作，走的是一条传统的道路：专事白描，不求藻绘；注重明朗，力避晦涩。因为学的是国文，教的又是国文，所以谋篇布局，遣词造句，中规中矩，不事诡异。内容也是一片真诚，决不胡编硬造。写亲情，写师德，写劳动琐事，娓娓道来，亲切感人。是青年学生绝好的读物。

谈到白描手法，许多人，也包括我在内，都认为吴敬梓的《儒林外史》是圣经宝典。但是《儒林外史》是以讽刺为中心的文学作品。寥寥几笔，不露声色；但是棉花里包裹着的却是刺，读到这样的文章，一方面令人忍俊不禁，一方面却又令人惊心动魄，有如看一幅漫画一般。景瑞的散文描写的却是正面人物，我们不能要求他能达到这个境界。

前不久，景瑞把他新编成的散文集《往事琐忆》中的一些文章拿给我看。我年迈龙钟，老眼昏花，看东西很吃力。本来想等一些日子再看。现在正是星期天凌晨，燕园后湖，静寂无人。窗外细雨潺潺，夏意弥天。我是农民的孩子，一听雨声，心里就乐开了花。门前数亩荷塘，莲叶擎天，独独有一朵花，捷足先登，首先开放，而且正对着我的窗子。"万绿丛中一点红"，似有佳兆。于时我逸兴遄飞，心花怒放，观眼前之雨景，发思古之幽情。拿起稿子，一口气读完。濡笔抻纸，写了这一篇序。尚望景瑞有以教我。

2002年6月23日

《把栏杆拍遍》序

最近几年，我在几篇谈散文的文章中，提出了一个看法：在中国散文坛上有两个流派。一个流派主张（或许是大声地主张），散文之妙就在一个"散"字上，信笔写来，松松散散，随随便便，用不着讲什么结构，什么布局，我姑且称此派为松散派。另一个正相反，他们的写作讲究谋篇布局，炼字铸句，我借用杜甫的一句话"意匠惨淡经营中"，称此派为"经营派"，都是杜撰的名词。我还指出，在中国文学史上，散文大家的传世名篇无一不是惨淡经营的结果。

我窃附于"经营派"。我认为，梁衡也属于"经营派"，而且他的经营还非同寻常。即以他的写人物的散文来说，一般都认为，写人物能写到形似，已属不易，而能写到神似者则不啻为上乘。可是梁衡却不以神似为满足，他追求一种更高的水平，异常执著地追求。但是他追求什么呢？我想了好久，也想不出一个恰当的名词。我曾想用"境地"，觉得不够。又曾想用"意境"，也觉得不够。也曾想用"意韵""韵味"等等，都觉得不够。想来想去，我突然想到王国维的"境界"，自认得之矣。"境界说"是王国维论词的新发明，《人间词话》有很多地方讲到"境界"：

词以境界为最上。有境界则自成高格，自有名句。

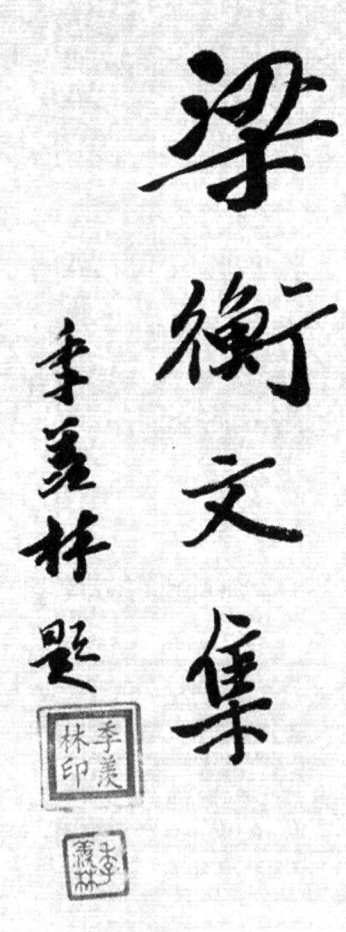

季羡林题"梁衡文集"。

> 境非独谓景物也，喜怒哀乐亦人心中之一境界。故能写真景物、真感情者谓之有境界，否则谓之无境界。

"境界"，同"性灵"、"神韵"等一些文艺理论名词一样，是有一定的模糊性的，颇难以严格界定其涵义，但是统而观之，我们是能够理解的。这是一个富有启迪性、暗示性、涵盖性的名词，上举《人间词话》最后几句话可以给我们一些启迪。现在从梁衡散文中举出一个例子来。他的名作《觅渡，觅渡，渡何处？》是写瞿秋白的。瞿秋白这个人才华横溢，性格中和行动中有不少矛盾，梁衡想写这样一个人，构思了六年，三访瞿秋白纪念馆，迟迟不敢下笔。他忽然抓住了"觅渡"这个概念，于是境界立出，运笔如风，写成了这篇名作。我们常说"画龙点睛"，画一条龙，不管多么活灵活现，如不点睛，毕竟还是一条死龙。一旦点睛，则顿成活龙，腾跃而起，飞龙在天矣。

在并世散文家中，能追求、肯追求这样一种境界的人，除梁衡以外，尚无第二人。

2002 年 10 月 14 日

《长歌当啸》序

我对毓方散文的欣赏与理解，有一个比较长期的过程。1996年我给他的散文集《岁月游虹》写序时，说句老实话，我还并没有读过很多他的文章，仅仅根据一点肤浅的印象，我就放言高论。现在自己读起来，都有点觉得脸上发烧。我感到有点，有点"那个"。"那个"者，"有说不出来的滋味"之谓也。我现在有了说不出来的滋味。为什么呢？说是"惭愧"，有点过了头。不过头的词儿又一时想不出，于是就随顺流俗"那个"之了。

这话不明不白，要说明白，必须从大处远处说起。

根据我个人的归纳，对于散文的创作，大体上有两种态度。一种认为，散文重点在一个"散"字上，愿意怎样写，就怎样写；愿意怎样起头，就怎样起头；愿意怎样煞尾，就怎样煞尾，无拘无束，松松散散，信笔由之，潇洒自如，天马行空，所向无前。要引经据典，中外都有。外国最著名的例子，我想举法国的蒙田，蒙田的《随笔》享誉世界，垂数百年，至今不衰。他的随笔就属于松散一类，整篇不讲求结构，叙述也看不出什么层次，一点匠心也看不出来；在词藻修辞方面也看不出什么独特的风采。因此，我常常想，与其说蒙田是一个文学家，毋宁说他是一个思想家或哲学家，他的思想确有非常深刻之处，为他人所不可及者。在中国也能找出一些类似的例子。中国一些大散文家有时也写一些轻松的文章，信手拈来，涉笔成趣，比如苏东坡的《记承天寺夜游》之类。其他大家也间或有这样的作品。

这一类的散文作品，这一类的散文作家，我无以名之，暂时名之为松散派。

与松散派相对立的一派主张，写散文同写别的文章体裁一样，也要经过充分构思，精心安排，对全篇结构布局，要仔细考虑，要有逻辑性，有层次；对遣词造句，也要认真推敲，不能苟且下笔。我自己是属于这一派的。我的意见具见拙作《漫谈散文》中（见《人民文学》，1998年第8期），这里不再重复。杜甫在《丹青引赠曹将军霸》中有两句诗："诏谓将军拂绢素，意匠惨淡经营中。"这里指的是绘画，后来把意思扩大了，泛指所有匠心独运，认真考虑的情况。我在这里借用来指散文的创作，我杜撰了一个名词："经营派"。

汉语是中国语言的一种，在世界众语言中独具特色。特色颇多，我不能一一列举。我现在只举一种，这就是：汉文讲究炼字炼句。这特点最突出地表现在文学创作中，特别是诗词创作中，这一点我在《漫谈散文》中已有所涉及。现在再补充一点。王国维在《人间词话》中说："境非独谓景物也，喜怒哀乐亦人心中之一境界。故能写真景物真感情者，谓之有境界，否则谓之无境界。——'红杏枝头春意闹'，着一'闹'字而境界全出。'云破月来花弄影'，着一'弄'字而境界全出矣。"一般说来，"闹"字、"弄"字都属于炼字的范畴，然而王国维却把它们提高到境界的高度。大家都知道，境界论是王国维美学思想的支柱和基础，前无古人，而他竟把炼字与境界论结合起来，可见炼字在他心目中，重要到什么程度了。

炼字炼句是中国写诗歌写散文时"惨淡经营"的一种方式，

文学品读　127

但是"惨淡经营"的范围还大得很，不限于这一种方式。在西方，写诗歌也决不是不讲究炼字炼句；但是由于语言的不同，不像汉文这样全力以赴。汉语的词类有时候不那么固定，这也是对炼字的一种方便之门。

能做到"惨淡经营"，散文是否就一定能写得好呢？并不见得。一般说起来，只能有两种结果：一成功，一失败。在成功的方面，情况也极为复杂。先举一个诗人的例子。杜甫有一句很有名的诗："语不惊人死不休。"可见他作诗惨淡经营之艰苦，结果他成了中国的"诗圣"，大名垂宇宙了。谈到散文（广义的）创作，从六朝的骈体文开始，作者没有不是惨淡经营的。到了唐代，韩愈文起八代之衰，柳宗元与韩愈并称，写文章也没有不是惨淡经营的。宋代的欧阳修、"三苏"，再加上王安石、曾巩，上面说到的八个人是有名的唐宋八大家，风格各异，皆有独到之处，共同的地方是都惨淡经营。到了明代归有光属于正统派，公安派和竟陵派，以及张岱等等属于革新派。共同的地方仍然是惨淡经营。清代的桐城派与八股文似乎有一脉相通之处。这一派的作家句斟字酌，苦心孤诣，其惨淡经营的努力更为突出。以上所谈的都是大家所熟知的事实。

这些惨淡经营派的大家是不是写出来的文章都是美妙绝伦的呢？不是的。这些大家传诵千古的文章多少不等地就那么几篇。原因何在呢？写文章，除了天资或者天才之外，还要勤奋努力，惨淡经营就属于这个范畴。在天才和勤奋之外，还要有灵感。灵感是摸不着看不到的东西，但它确实存在，谁也否定不了。只要有点写文章的经验，就能证明这一点。灵感是无法掌握的，有时它会突然闪现，如电光石火，转瞬即逝。抓住了就能写出好文章。你若硬要它来，却无济于事。据说有的作家能够设法诱发灵感,比如闻一种什么香味之类。英国有一位浪漫诗人,每闻到烂苹果的香味,就能出现灵感。但是效果恐怕也很有限,否则就篇篇文章都成珠玑了。

上面这一大篇话讲的是惨淡经营的成功者。至于失败者却颇不大容易谈。原因也并不复杂。惨淡经营而失败了,则他们的文章必然是佶屈聱牙,甚至文理不通,既缺思想性,又无艺术性,这样的文章怎样能流传下来呢?最突出的例子莫过于八股文。我自己没有写过八股文,没有感性认识。但是从许多书上能够读到,当年八股文作者那种简练揣摩、惨淡经营的艰苦情况。但是为什么文章却写不好呢?那种代圣人立言不许说自己话的桎梏把人捆得紧紧的,多大的天才也写不出好文章来的。

我在上面简略地谈了谈惨淡经营的两个方面的情况:成功与失败,对其中原因也做了一点分析,我谈到了灵感的问题。现在再对成功的一方面做一点补充,就是,写文章的人要多读书,中国旧日称之为"腹笥",用今天的大白话来说就是肚子里要有"货"。如果腹中没有货,空空如也,即使再努力惨淡经营,也无济于事,反而会露出了马脚,贻笑方家。

上面讲的大多是古代的情况,现在的情况怎样呢?根据我个人的肤浅的观察,在中国现代的散文文坛上,松散派和经营派都是有的,而以松散派为多。我这种分派的想法只能说是我个人的管见,肯定会有人反对的,也许还有人赞成。这一切我都不在意,我个人有这种看法,就直截了当地说了出来,一不商榷,二不争论。争论是不会有什么结果的。

我不是在写中国现代散文批评史,不必面面俱到,关于松散派我就不再谈了。我现在只谈我所崇尚的经营派。今天中国散文文坛上的经营派，同历史上一样，有成功者，有失败者。成功者也不是篇篇文章都能成功，失败之作还是居多数。这种情况不以人的主观愿望为转移。我们这一些舞笔弄墨者都会有这种经验的。历史上许多散文大家，虽然个个著作等身，但是流传下来历代诵读不辍者也不过寥寥几篇。今天的情况也一样。

我不在这里作点将录，但是，为了把问题说明白，我且举一个例子，这个例子就是杨朔。杨朔不是一个多产作家，但是写作态度严肃、认真。极尽惨淡经营之能事，展现精雕细琢之绝活。文章气度不够恢弘，局面较为狭小，然而遣词造句，戮力创新，宛如玲珑剔透的象牙球，令人赞叹。关于杨朔，文坛上争议颇多，有褒之者，有贬之者，两者各走极端。这是古今中外文坛上常见的现象，没有哪一个作者能够获得所有读者的赞扬的，杨朔焉能例外。依我个人的管见，在中国现代文学史上，特别是散文史上，杨朔必须占有一个地位。根据我在上面提到的散文创作成功的两个条件，杨朔的腹笥是否充盈，我不得而知。但是，他是有灵感的，有时表现为细微、精致、美妙绝伦的意象，这在别的作家中是极为罕见的。

有几位作家，我想把他们也归入经营派。从谋篇布局上看不出什么特点，但在遣词造句方面，却明显地看出了努力的痕迹。但是，结果怎样呢？有的词句，大概是他们创新的；不幸事与愿违，我们读起来非常别扭，新不新，旧不旧，读了这样的文章，好像是吃了带沙子的米饭，吃在胃中，愁上眉梢，以后再也不敢问津。归纳其中原因，不出我上面说的两条：腹笥贫瘠，又无灵感。不读中国古代的散文佳作，又不涉猎诗、词、歌、赋。至于西方国家的散文名篇，似乎也从不阅读。因此，文章缺少书卷气，又缺少灵气。这些作家个人感觉可能非常良好，然而读者偏不买账，只有孤芳自赏了。

我在上面啰里啰唆写了一大篇，真好像古书上所说的："博士买驴，书券三纸，未有'驴'字。"现在该画龙点睛了。绕了那么大的弯子，我无非是想说，卞毓方属于惨淡经营派，而且是成功者。一个人对什么事情，对什么人，都不该抱有先入之见，说坦率一点，就是偏见。毓方是"十年浩劫"期间北大东语系的毕业生，专修日语。因此，我就认定，他对日语是专家，写写文章，不过是业余爱好，英文叫 amateur。我读他的散文集《岁月游虹》时，他已经是一位颇有知名度的作家；但是，我仍然固守我的先入之见，珠玉在前，一叶障目，视而不见。在给他那一本书写序时，生硬地创造了一个新名词儿："广义的散文"。近四五年以来，毓方的散文写得越来越多了，越来越好了，我读的也越来越多了，我顿时感觉到"今是而昨非"，我痛感偏见之可怕，固执之有害。我在本文开头时写到我脸上发烧，心中有点"那个"，其原因就在这里。

说卞毓方的散文属于惨淡经营派，有什么根据吗？有的，而且还不少。我逐渐发现，他对汉字的特点，对汉文炼字炼句的必要与可能，知之甚稔。这种例子，到处可见。就拿《岁月游虹》这一个书名来说，不熟悉汉文特点的人能想得出来吗？再拿他一些文章的篇名来看，许多篇名都透露出明显的惨淡经营的痕迹，比如《醉里挑灯看剑》《红尘菩提》等等。在文章的结构布局方面，他也煞费苦心，这种例子可以举出很多来，读者可以自己去看，我不再举了。在《漫谈散文》中我曾说到过：中国古代的诗歌非常重视起头和结尾，那些散文大家也有同样的情况。这情况只需翻一翻最流行的古文选本，比如《古文观止》之类，便能够一目了然。开头要有气势，横空出世，一下笔就能捉住读者的心，让他们非读下去不行。结尾则讲究言有尽而意无穷，让你读完了，久久不能忘怀。结尾好的文章，鲁迅有不少篇。好多年前读宗璞的《哭小弟》，结尾是："小弟，我不哭。"我想作者是痛哭着写下这一句话的，读者读了，有哪一个不流泪的呢！这种神来之笔是可遇而不可求的，我所说的灵感就是指的这种情况。卞毓方散文中也间有这样的结尾。我只举一个例子。在《北大三老》这一篇散文中，结尾是："有一会儿，我又但愿化作先生窗外的一棵树。"这也是神来之笔，可遇而不可求的。读者稍加体会便能理解。写到这里，我仿佛听到了文坛上的讥笑声："季羡林已经迂腐到了可悲可笑的程度，他在教我们写八股！"我不加辩解，只请求这些人读几篇传世的古文，然后沉思一下，以求得其中三昧。天底下无论做什么事情，不下苦功是一事无成的。

　　总之，一句话，我过去是俗话所说的，从窗户棂里看人，把卞毓方看扁了。现在我才知道，毓方之所以肯下苦工夫，惨淡经营而又能获得成功的原因是，他腹笥充盈，对中国的诗文阅读极广，又能融会贯通；此外，他还有一个作家所必须具有的灵感。

　　这就是我对卞毓方散文的管见，希望能够算得上一得之愚。

2000 年 1 月 24 日

文学批评

救救小品文

自从鲁迅先生把小品文封为小摆设以后,一向沉寂的小品文蓦地热闹起来。但它却倒了霉。

中国是小品文的国家,这只要一想就会明了的。在外国,所谓文学者往往分为诗歌、小说、戏剧三大类。小品文只占很小的一部分。然而在中国呢,小说、戏剧是不被人认为是文学的,剩下的只有诗歌,来填这个空的是小品文,所谓某某文集者都充满了各种各样的小品文,而这些文集的作者就正占据着文学史顶显赫的篇幅,例如唐宋八大家、桐城派等不都是每天挂在人们嘴上的吗?

然而在这样一个小品文的国家里,小品文却一向给人利用。在极渺远的时代,我们就看到小品文的萌芽,似乎一下生就走着黑运,给大人先生们拿来作载道的工具,一直到魏晋六朝,我们才第一次看到人们用小品文来说自己的话,然而引起了哄笑和嘲讽,说自己话的小品文也就被埋在这哄笑和嘲讽里,度着自己的暗淡的命运。

于是到了明末,我们又看到人们用小品文说自己的话。然而又引起了哄笑和嘲讽,说自己话的小品文又被埋在这哄笑和嘲讽里,外面又贴上"满洲"皇帝禁书的封条,喘不上气来,一直到新文学的起来,小品文依然在寂寞暗淡里活下去。

最近又有人说新文学的成功就是小品文的成功了,他们提倡小品文，提倡明末人的小品文，这使我高兴，我自己想，不管怎样，居然有人在哄笑和嘲笑里注意到小品文终归是好的；然而不久我却发见他们作起斗方诗来，我才知道他们都是名士，只有名士才能把白话文里加上之乎者也，而美其名曰语录体，在名士们自己摇头摆尾之余，恐怕很有一些陶然的逸趣，但在我们俗人看来，却正像看一个猴子穿起人的衣裳来，忸怩作态，顶大的用处也不过催人呕吐。明末的小品文是好的，但我们却不愿意看见死鬼在活人身上复活！

然而我们终于有了小品文大师，小品文也终于倒了霉。

于是鲁迅先生看出小品文的危机来了，接着是一片闹嚷嚷哄声。鲁迅先生是说了自己的话，但在这哄声里我们却听不出什么东西，先是热烈地攻击小品文，仿佛小品文这三个字就反革命，无论是谁，只要作小品文就是封建余孽，因为英国小品文作家特别多，于是我们这些聪明而又勇敢的批评家（？）又把英人的意识鉴定了一下，结果判了英人是毫无希望的民族，一个响应着一个，这哄声延长下去，个人都把自己的嘴脸表演一番，但在这庞杂混乱里我却只见到愚妄与浅薄！

接着是一个转机。人们发见了，小品文是随便可以注入任何东西的，他们不再骂小品文，而只骂小摆设似的小品文。他们要求匕首，于是又一个接着一个，把自己的嘴脸表演一番，这哄声终于又延长下去，拿着纸剪的匕首，他们要的，坐在软椅里喊着拿匕首却动也不动的，他们要的，从没看到过匕首，只把自己梦里的影子画出来的，他们要的——他们要一切这样的匕首，但有谁有过真铁真钢的匕首吗？上帝知道。

小品文终于给他们利用着，终于倒着霉。

而且还要倒下去。在混乱庞杂里我们要救救小品文，我们要小摆设，只要它真的是从内心里流出来的，我们将不眩惑于纸糊的大摆设，我们也要匕首，只要它是真铁真钢的，我们将不眩惑于纸剪的玩意儿。我们绝不能忽视了文艺里的"真"。

1934 年 8 月 23 日

对中国散文的思考

我从中学时代起就开始学习着写一些东西,到现在已经有将近五十年了。中间曾有几次机会,能够编成一个集子。但由于种种原因,却没有编成。一直到今天才把能够找得到的东西汇总在一起,编成这个集子。对过去将近五十年的回顾,对我来说,简直成了一个沉重的负担。而且看了集子中的这些所谓文章,无论从质的方面来看,还是从量的方面来看,都显得非常单薄。中国俗话说:"文章是自己的好。"我却无论如何也说不出这样的话来。我脸上直发烧,心里直打鼓——然而,有什么办法呢?

当我还年轻的时候,我对散文(有一时期也叫做小品文)这种体裁就特别感兴趣,特别喜爱。我觉得它兼有抒情与叙事之长。你可以用一般写散文的手法来写。你也可以用写散文诗的手法来写。或如行云,舒卷自如;或如流水,潺湲通畅;或加淡装,朴素无华;或加浓抹,五色相宜。长达数千字,不厌其长。短至几百字,甚至几十个字,不觉其短。灵活方便,得心应手,是表达思想、抒发感情、描绘风景、记述所见的一个最好的工具。然而,当时有的教授却告诉我们这些学生说,散文这东西可了不得呀!世界上只有英国有散文,什么查理斯·兰姆;什么乔治·吉辛;什么托马斯·嘉莱尔;什么得·昆西。一大串光辉吓人的名字。可以勉强同英国争一日之长的只有法国,那里有蒙泰因。我逊听之下,悚然肃然,佩服得五体投地。但是随着年龄的增长,我逐渐发现,我从小就背诵的《古文观止》之类的书就都是散文,而且是最好的散文;只有一部分可以归入杂文。我们中国其实是散文最发达的国家。《前后出师表》《桃花源记》《陈情表》等等都是百读不厌的散文。韩愈、柳宗元、欧阳修、苏轼等所谓唐宋八大家,其实都是上乘的散文作家。连《庄子》中的一些文章,司马迁的许多文章,都可以归入此类。《逍遥游》《报任少卿书》等等,不是散文又是什么呢?中国旧时经、史、子、集四部中大部分文章都是散文。近代的鲁迅、朱自清也都是优秀的散文作家。无论是从量来看,还是从质来看,世界上哪一个国家的散文也比不上中国。这真叫做"踏破铁鞋无觅处,得来全不费工夫"。远在天边,近在眼前。我曾经为了这"伟大的发现"而沾沾自喜过。我甚至感到自从文学革命兴起以后,到现在已经整整六十年了。诗歌、小说、戏剧、散文等等方面,都有巨大的成绩。但是据一般人的意见和我自己的看法,成绩最好的恐怕还是散文。这可能同我国有悠久的光辉灿烂的散文写作的传统是分不开的。诗歌我们也有悠久的光辉灿烂的传统,但是为什么大家几乎公认新诗的成就并不怎么样呢?这可能与诗歌的形式有关。德国大诗人歌德说:"不同的诗的形式会产生奥妙的巨大效果。"(朱光潜译:《歌德谈话录》第29页)我觉得,一直到今天,我们的新诗还没有找到一个恰当的、大家公认的、比较固定的体裁。现在是八仙过海,各显神通,从马雅可夫斯基的所谓楼梯体直到豆腐干体,应有尽有,诗体很不一致。但是几乎都不容易上口,不容易背诵。很多诗念起来索然寡味,同旧体诗那一种清新隽永、余味无穷迥乎不同。现在还有很多人能背诵上百首几百首旧诗。而能背诵一首新诗的人却不多见。其中消息，耐人寻思。

　　我自己也曾背诵过不少的中国古代的散文。在写作我叫它做散文的这种文体的尝试中，我也曾在有意与无意之间，学习或摹仿过中国古代的散文作家。对西方的一些作家，我也有意无意地去学习或摹仿过他们的散文。这被有的同志发现了，并曾经对我谈过。我原以为，我这样做，是如人饮水，冷暖自知，不意仍被人发现。我觉得，这同志颇能体会我自己在学习写作的过程中的一些甘苦，颇有知己之感。可惜的是，我在这两个方面的修养都很不够，只能说是浅尝辄止；又牵于杂务，用心不专，因而成绩也就不大。如果说这样做是正确的、有道理的话，我也只能说是看到了这个方向，还谈不到有什么成绩。对别人写的散文，我也用这个标准来衡量，要求特别高。中国俗话说："眼高手低"，大概就指的是这种情况吧。

　　在中国文学史上，诗歌的创作曾有过很多流派。有的诗人主张诗以性灵为主，有的诗人主张诗以神韵为主。还有一些诗人主张别的学说，总之是五花八门，莫衷一是。但是，在散文方面，好像没有这样许多流派和理论，尽管古代散文作家也是各人有各人的风格，明眼人一看就能够分辨，决不会混淆。唐朝韩柳并称，而散文风格迥乎不同。宋代欧苏齐名，而文体情趣，俱臻妙境。他们好像也努力培养自己的风格，努力的痕迹与阶段昭然可见。在这方面，他们又有继承，又有创新，各具风格，各极其妙。到了明末，公安派和竟陵派各独一帜，在文坛上平分秋色。当然，除了这些流派外，正统的继承唐宋八大家的散文作家仍然很有影响，此风沿袭直至清代。到了咸同时期，龚自珍等异军突起，才给中国散文的创作增添了不少新的色彩。"五四"以后，六十年来，散文作家如林，既继承先人，

"每当花前、月下,风晨、雨夕",季羡林总喜欢"一篇在手,如对故人,如饮醇醪"。

又借鉴异域，光辉灿烂，远迈前古。如果再回顾中国两千年的散文创作史，我们就都会感觉到，我们散文的园地，也同诗歌的园地一样，百花争艳，群芳竞美，姹紫嫣红，花团锦簇。这就使我更加喜爱散文这个文体。每当花前、月下，风晨、雨夕，在海天渺茫的巨轮上，在苍穹万里的飞机中，在紧张的会议之余，在繁忙的访问之后，一篇在手，如对故人，如饮醇醪。书中的文章，有的雄放，有的流丽，有的记述人物，有的描绘山水，文体不同，各擅千秋，丽诗佳句，纷至沓来。此时我真如行山阴道上，应接不暇：我仿佛能看到泰山的日出，仿佛能听到洞庭的涛声，仿佛游历了桃花源，仿佛观赏了柳州奇景；社会主义祖国前进的脚步声仿佛就响在我的耳际；英雄模范人物的乐观气魄感染着我的内心，可以兴，可以立，可以歌，可以泣。我的心潮随着文章的内容而跳动，我的感情随着作者的感情而亢奋，胸襟开扩，逸兴遄飞，身心疲劳则一扫而空。历史上作者的思想感情，我不一定同意，更谈不到什么共鸣；但是他们那别具一格的文体，奇峰突起的结构，对祖国自然风光的描绘，对一些正义行为的歌颂，仍然能使我们感动，使我们兴奋。艺术享受，无过此矣。此时我真感到能使用汉文这种文字是一种幸福，作为一个中国人值得骄傲。我不相信，这只是我个人的感受，是一种偏见，广大的散文的爱好者也一定会同意我的看法，只是他们还没有机会发表自己的意见而已。

本节选自《朗润集·自序》

关于神韵

在中国文学批评理论中，神韵是一个异常重要的词儿，一个异常重要的概念。无论是谈诗、论画，还是评品书法，都离不开它。从六朝以来，文人学士不断地使用这个词儿。与这个词儿有密切联系、有时候甚至难以区分的词儿，还有气韵、神等等，含义都差不多。

南齐谢赫的《古画品录》中，在评品顾骏之的画时，说："神韵气力，不逮前贤；精微谨细，有过往哲。"唐张彦远的《历代名画记》中说："至于鬼神人物，有生动之可状，须神韵而后全。"此后历代都有人谈到神韵。比如苏轼、胡应麟、王夫之、王士禛、翁方纲等等[1]。讲气韵的有谢赫的"气韵生动"，《扪虱新语》的"文章以气韵为主"等等。讲神的有《沧浪诗话》的"入神"等等。神韵一词儿，除了应用于文章、艺术等方面外，也用来评论人物，比如《宋书·王敬弘传》：敬弘"神韵冲简，识宇标峻"。

尽管神韵这个词儿应用相当广，时间相当长，但是到了清初王士禛笔下，它才具有比较固定的含义。王士禛是中国文学批评史上有名的神韵说的倡导者。由于他在诗坛上崇高的地位，他的神韵说影响广被，俨然成为诗艺理论的大宗。在这样的情况下，王士禛谈论神韵的时候就非常多。我在下面节引几

---

[1] 参阅敏泽：《中国文学理论批评史》，下，第891—897页。钱锺书：《谈艺录》，1986年，第40—44页。

条，详细情况请参阅敏泽和其他中国文学批评史学者的著作。

《带经堂诗话》卷三：

> 神韵二字，予向论诗，首为学人拈出，不知先见于此。
>
> 唐人五言绝句，往往入禅，有得意忘言之妙。
>
> 表圣论诗，有二十四品。予最喜"不著一字，尽得风流"八字。

同上书，卷四：

> 严沧浪论诗云："盛唐诸人，唯在兴趣，羚羊挂角，无迹可求，透彻玲珑，不可凑泊，如空中之音，相中之色，水中之月，镜中之像，言有尽而意无穷。"

同上书，卷二：

> 严沧浪《诗话》借禅喻诗，归于"妙悟"二字，及所云"不涉理路，不落言筌"，又"镜中之像，水中之月，羚羊挂角，无迹可寻"云云，皆发前人未发之秘。

上面引的这几条，可以说明王士禛对神韵的理解。他一再强调以禅喻诗，强调镜中之像，水中之月，羚羊挂角，无迹可寻，不著一字，尽得风流，等等。他是利用形象的说法，比喻的说法，来阐明他对神韵的理解。

我在这里还必须加上几句。钱锺书引《沧浪诗话》："其(诗)

大概有二：优游不迫、觉着痛快。诗之极致有一：曰入神。诗而入神，至矣尽矣，蔑以加矣。惟李杜得之。"他接着说："可见神韵非诗品中之一品，而为各品之恰到好处，至善尽美。"①在严沧浪眼中，李杜有李杜的神韵，王韦有王韦的神韵。但是王士禛出于自己的爱好，抑前者而扬后者，把沧浪的神韵尽归后者。此事翁方纲已经指出来过。在《复初斋文集》卷八，《神韵论》中说："其实神韵无所不该……有于实际见神韵者，亦有于虚处见神韵者，有于高古浑朴见神韵者，亦有于情致见神韵者。"王士禛的理解，钱锺书说是"误解"。我个人认为，说是曲解，或者更切近事实。王渔洋喜欢优游不迫的诗，他自己的创作也属于这一类；他不喜欢沉著痛快的诗。这完全是个人爱好，未可厚非。但是他却根据自己的爱好，创立神韵说。他就不得不曲解严沧浪的说法，以偏概全。不过，王士禛的做法也有历史渊源。钱锺书引明末陆时雍的说法，隐承沧浪，而于李杜皆致不满。就属于这一类。

历代关于神韵的说法就介绍到这里。尽管许多文人学士，特别是倡导神韵说的王士禛发表了这样多的看法，神韵的含义是否弄清楚了？别人不知道，我自己是并不清楚的。我越看越不清楚，只觉得眼前一片朦胧，一团模糊。那许多形象的说法、比喻的说法，当然给了我一些生动的印象；可是仔细一想，仍然不知道神韵究竟是什么东西。我自己仿佛也在参禅，越参越模糊，最终是羚羊挂角，无迹可求。我自知是钝根，不敢期望顿悟。

神韵真如神龙，令人见首不见尾，或者首尾皆不能见。难道我们真没有法子弄明白了吗？事实上，中国所有讲神韵的书

---

① 钱锺书：《谈艺录》，第40—41页。

籍和文章，不管是古还是今，没有哪一个说明白了的。连倡导神韵说的王士禛也不例外。我不是研究文艺理论的专家，不过多少年来对此问题也颇感兴趣，我也曾思考过，探索过。我现在想尝试着走一条过去从没有人走过的路，我想利用印度的古典文艺理论来解释一下神韵的含义。知我罪我，自有解人；始作俑者，所不敢辞。

印度文艺理论研究有悠久的历史，在世界上独成体系。公元9世纪至10世纪是发展的鼎盛时期，也可以说是开创新局面的时期，是一个转折点，一个新纪元。9世纪出了一位欢增（Ānandavardhana）。他的名著《韵光》（Dhvanyāloka），把语法学家、逻辑学家和哲学家的分析运用到诗的词和义（形式和内容）的分析上来。10世纪出了一位新护（Abhinavagupta）。他的名著《韵光注》和《舞论注》，继承和发展了欢增的理论。他们的理论以韵论和味论为核心，展开了一系列的独辟蹊径的探讨，从注重词转而为注重义，打破了以前注重修辞手段的理论传统，创立了新的"诗的灵魂"的理论，也就是暗示的韵的理论。

这个理论的轮廓大体如下[①]。词汇有三重功能，能表达三重意义：

一　表示功能
表示义（字面义，本义）
二　指示功能
指示义（引申义，转义）

[①] 主要根据M.Winternitz.Geschichte der lndischen Litteratur, 3.Bd.S.17—18；金克木：《古代印度文艺理论文选》，1980年，人民文学出版社，第13—15, 52—75页；黄宝生：《印度古代文学》，1988年，知识出版社，第162—171页。

三 暗示功能

暗示义（领会义）

以上三个系列又可以分为两大类：说出来的，包括一和二；没有说出来的，包括三，在一和二也就是表示功能和指示功能耗尽了表达能力之后，暗示功能发挥作用。这种暗示就是他们所谓的"韵"。《韵光》第一章说：

> 可是领会义，在伟大诗人的语言（诗）中，却是〔另外一种〕不同的东西；这显然是在大家都知道的肢体（成分）以外的〔不同的东西〕，正像女人中的（身上的）美一样。①

这种暗示功能、暗示义（领会义）有赖于读者的理解力和想象力，可能因人而异，甚至因时因地而异，读者的理解力和想象力在这里有极大的能动性，海阔从鱼跃，天高任鸟飞，这也许就是产生美感的原因。这种暗示就是这一批文艺理论家的所谓韵（dhvani）。在审美活动过程中，审美主体的主观能动性发挥得越大，他就越容易感到审美客体美。这就是"韵"的奇妙作用。韵是诗的灵魂。他们举出的例子是："恒河上茅屋。"表示义是："恒河上。"指示义或引申义是："恒河岸上。"暗示义是"凉爽""圣洁"，因为恒河是圣河，恒河上茅屋是修道人所居之处。他们把诗分为三个层次：第一，真诗，以没有说出来的东西也就是暗示的东西为主；第二，价值次一等的诗，没有说出来的只占次要地位，只是为了装饰已经说出来的东西；第三，没有价值的诗，把一切重点都放在华丽语言上，放在雕琢堆砌上。

---

① 金克木译文，《古代印度文艺理论文选》，第56页。

在这里，可以说是层次分明，没有说出来的暗示的东西，其价值超过说出来的东西，在说出来的东西中词藻雕饰最无价值。

我在这里想顺便补充上几句。在中国文艺理论发展史上，也有一派学说反对六朝一味追求词藻华丽、如七宝楼台的那一种文体，而主张返璞归真。这种理论可以同印度的韵论互相参证。王静安隔与不隔的学说在精神上也有与此相通之处，耐人寻味。

在印度影响深远的韵论，内容大体上就是这个样子①。我觉得，从这极其简略的介绍中也可以看出，中国难以理解的神韵就等于印度的韵。中国的神韵论就等于印度的韵论。只因中国的文艺理论家不大擅长分析，说不出个明确的道理，只能反反复复地用一些形象的说法来勉强表达自己的看法，结果就成了迷离模糊的一团。一经采用印度的分析方法，则豁然开朗，真相大白了。

我现在再进一步比较具体地分析一下中国那些用来说明神韵的词句。"不著一字，尽得风流。"字是说出来的东西，不著一字就是没有说出来，因此才尽得风流。"羚羊挂角，无迹可求。"羚羊挂角，地上没有痕迹，意味着什么也没有说出。"空中之音，相中之色，水中之月，镜中之像。"每一句包含着两种东西，前者是具体的，说出来的，后者是抽象的，没有说出来，捉摸不定的，后者美于前者，后者是神韵之所在。"言有尽而意无穷。"言是说出来的，意是没有说出来的。"得意忘言。"与前句相同。神韵不在言而在意。此外，还有什么"蕴藉""含蓄"等等，无不表示同样的意思。那一些被神韵家推

---

① 现代西方兴起的诠释学的理论，有与此相通之处。这种理论主张，一部作品有许多层的意义：文字里的、文字外的、由声音引出的、与读者无声对话所引起的。我觉得可以拿来比较一下。

崇的诗句，比如"兴阑啼鸟尽，坐久落花多"等等，这些诗句当然表达一种情景，但妙处不在这情景本身，而在这情景所暗示的东西，比如绝对的幽静，人与花鸟，物与我一体等等。这些都是没有说出来的东西，这就叫神韵。《沧浪诗话》中说："不涉理路，不落言筌者，上也。"这些都是在理路和言筌之外的，所以才能是"上也"。

至于王渔洋所特别推崇的以禅喻诗的做法，也同样可以用印度的韵论来解释。在中国禅宗史上，几乎所有的大师在说法和行动中，都不直接地把想要说的意思表达出来，而是用一声断喝，或者当头一棒，或者说一些"干屎橛"一类的介于可解与不可解之间的话，来做出暗示，让自己的学生来参悟。在这里，关键在于听者或受者，老师说出来的或者做出来的，只是表面现象。没有说出来的或做出来的才是核心，才是精神，这样的核心和精神需要学生自己去顿悟。断喝一声有大道，一句干屎橛中有真理，这很有点像诗的神韵。王渔洋等之所以喜欢以禅喻诗，道理就在这里。

用印度文艺理论帮助解释中国文艺理论中的一些问题，我的尝试就截止在这里。最近几年，只要有机会，我就宣传，学习文艺理论要学四个方面：马克思主义文艺理论，中国文艺理论，印度文艺理论，自古代希腊一直到现代的欧美文艺理论。我虽然大声疾呼，但是从来没有举出一个例证。现在我举了一个有关神韵的例子。我希望，这一个小小的例子能够说明，四个方面的文艺理论之间，确实存在着不少可以互相参证的东西。我也希望，过去可能认为我那种说法难以理解的文艺理论工作者，现在承认我的想法并非胡思乱想。能达到这一步，我也就满足了。

但是，对于问题的探讨还不能到此为止，还有个别问题须要加以研究。韵的理论，暗示的理论，本来是属于意义范畴的，为什么中国用"韵"字，印度用 dhvani 这两个都属于声音范畴的词儿来表达呢？又为什么中国同印度没有事前协商竟都用表达"韵"的含义的声音符号来表达呢？中国古人说过："人同此心，心同此理。"在这里这个"理"究竟何在呢？

在印度，我们译为"韵"的那个字 dhvani，来源于动词根 vdhvan，意思是"发出声音"，后来演变为"暗示"。因为，正如我在上面已经谈到的那样，印度"韵"的理论家把分析语法，分析声音的办法应用到分析文艺理论概念上来，所以，他们使用 dhvani 这个词儿，还是沾边的，还是可以理解的。但是，一到中国，似乎就有点难以理解了。汉文"韵"字，从形体结构上来看，从偏旁"音"来看，它是表示声音的，与意义无关，至少关系不大。《文心雕龙》卷七《声律》第三十三："异音相从谓之和，同声相应谓之韵。"《文镜秘府·四声论》引作："异音相慎（顺）谓之和，同声相应谓之韵。"范文澜《文心雕龙注》说："异音相从谓之和，指句内双声叠韵及平仄之和调；同声相应谓之韵，指句末所用之韵。"总之，和与韵都指声音之和谐。和谐同美有联系，所以"韵"字也有"美"的意思，"好"的意思，"风雅"的意思。《世说新语》："道人蓄马不韵"，可以为证。用"韵"字组成的复合词很多，比如"韵字""韵度""韵事""风韵""韵致"等等，都离不开上面说的这几种意思。我个人以为，其原因就在于用声音表示"和谐"这个概念，最为具体，最容易了解。我们现在讲的"神韵"，也可以归入这一类词汇。

中印两国同样都用"韵"字来表示没有说出的东西、无法说出的东西、暗示的东西。这是相同的一面。但是，在印度，

dhvani 这个字的含义，从"韵"发展到了"暗示"。而在中国，"韵"这个字，虽然也能表示无法说出的东西，同"神"字联在一起能表示"暗示"的含义，却从来没有发展到直截了当地表示"暗示"的程度。这是不同的一面，我们必须细心注意。

我还想再进一步探讨一个问题，多少年来，我就注意到一个现象：中西书名的命名原则很不相同。书名诚小道，但小中可以见大，所以仍有探讨的必要。而且命名原则与我正在讨论的神韵问题颇有相通之处，因此就更有探讨的必要了。

关于欧洲的书名，我只从古代希腊罗马时期举出几个来，以概其余。公元前4世纪，亚里士多德有《诗学》《修辞学》等书。公元前1世纪，贺拉斯有《论诗艺》。公元3世纪，朗吉弩斯有《论崇高》。同一世纪，普洛丁有《九部书》。四五世纪，圣奥古斯丁有《论美与适合》。这些书名都朴素无华，书的内容是什么，书名就叫什么，没有藻饰，没有任何花样。而中国却不尽然。我们有什么《文心雕龙》，有什么《法苑珠林》《文苑英华》，到了后来又有什么《杜诗镜铨》，有什么《艺舟双楫》等等，等等，花样多得很，这些书名花里胡哨，形象生动、灿烂。它们与内容有联系，但有时候又让人猜不出内容究竟是什么，这情况同欧洲形成了鲜明的对比。

印度怎样呢？从文化源流来看，印度文化至少有一部分应该与欧洲雅利安文化相同或者相似。可是，我在上面讲到，印度的文艺理论韵论同中国的神韵如出一辙，而在欧美则颇难找到主张只有没有说出来的东西，只有暗示才是诗的灵魂的说法。现在，我讲到书名，印度的命名原则又与中国有惊人的相似之处，真不能不发人深思了。我先举几个例子。7世纪的檀丁有《诗镜》，12世纪的罗摩月和德月有《舞镜》，14世纪的毗首那他有《文镜》。用"镜"字来命书名的作法，立刻就让我们想到中国的《杜诗镜铨》《格致镜原》一类的书名。13世纪的沙罗达多那耶有《情光》，胜天有《月光》，都用"光"字来命名。15世纪的般努达多有《味河》，17世纪的世主有《味海》，还有著名的《故事海》等等，都用"河""海"等字眼来命书名。至于用"花鬘""花簇"等字眼命名的书，更是车载斗量，比如安主的《婆罗多花簇》《罗摩衍那花簇》《大故事花簇》，还有般努达多的《味花簇》等等。类似这样的例子还很多，我们不一一列举了。

怎样来解释中国和印度这样的书名呢？我认为，也同样用韵的理论、神韵的理论、暗示的理论。我以上举出的这许多书名也同样可以分解为两个部分：说出来的和没有说出来的。镜、光、河、海、花鬘、花族、苑、珠、林、楫等等，都是说出来的东西，实有的具体的东西。它们之所以被用来命书名，实际上与这些具体的东西无关，而只是利用它们所暗示的东西，也就是没有说出来的东西。镜、光喻明亮。河、海喻深广。花簇、花鬘喻花团锦簇。苑喻辽阔。珠喻光彩。林喻深邃。楫喻推动能力，如此等等，后者都是暗示的含义。这同我在上面讲的韵的理论不是完全一模一样吗！

至于为什么中印两国在这些方面完全相同，而与欧洲迥异，我目前还无法解释。我多年以来就考虑一个问题：从宏观方面来看，中印文化似同属于一个大体系，东方文化体系，与西方文化体系相抗衡。中印文化相同之处，有的出自互相学习，有的则不一定。兹事体大，目前只好先存而不论了。

1988年9月14日

羡林按：

此文付排后，接香港中文大学饶宗颐教授函。他对拙文提了几点意见，我觉得很有启发，现节录原信附在这里："汉土'神韵'一词，见于谢赫《古画品录》　似先取以论画，其实晋世品藻人物，屡用天韵、性韵、风韵一类词语。神韵亦然，本以论人，继以论画，复借以论诗耳。未知然否？"

《关于神韵》一文的补遗

承蒙敏泽先生函告：钱锺书先生《管锥编》第四册，页1361—1366，引宋范温《潜溪诗眼》关于韵的论述。此确为我所忽略，谨向敏泽先生致诚挚的谢意。

宋范温论韵的意见十分精彩，钟书先生的引申更为神妙。范文原文较长，不能具引。我在这里扼要述其内容。

范文的重点在解释什么叫韵。他写道：

"有余意之谓韵。"定观曰："余得之矣。盖尝闻之撞钟，大声已去，余音复来，悠扬宛转，声外之音，其是之谓矣。"余曰："子得其梗概而未得其详，且韵恶从生？"定观又不能答。予曰："盖生于有余。请为子毕其说。"

下面他讲到，"自三代秦汉，非声不言韵；舍声言韵，自晋人始；唐人言韵者，亦不多见，唯论书画者颇及之。"在这里，请读者参阅饶宗颐先生的十分精辟的意见。

范温接着谈到文章，他写道：

且以文章言之，有巧丽，有雄伟，有奇，有巧，有典，有富，有深，有稳，有清，有古。有此一者，则可以立于世而成名矣；然而一不备焉，不足以为韵，众善皆备而露才见长，亦不足以为韵。必也备众善而自韬晦，行于简易闲澹之中，而有深远无穷之味　测之而益深，究之而益来，其是之谓矣。其次一长有余，亦足以为韵；故巧丽者发之于平澹，奇伟有余者行之于简易，如此之类是也。自《论语》《六经》，可以晓其辞，不可以名其美，皆自然有韵。左丘明、司马迁、班固之书，意多而语简，行于平夷，不自矜衒，故韵自胜，自曹、刘、沈、谢、徐、庾诸人，割据一奇，臻于极致，尽发其美，无复余蕴，皆难以韵与之。唯陶彭泽体兼众妙，不露锋芒，故曰：质而实绮，癯而实腴，初若散缓不收，反覆观之，乃得其奇处；夫绮而腴，与其奇处，韵之所从生，行乎质与癯而又若散缓不收者，韵于是乎成　是以古今诗人，唯渊明最高，所谓出于有余者如此。

下面又谈到书法，不具引。最后，他说：

然则所谓韵者，亘古今，殆前贤秘惜不传，而留以遗后之君子欤。

统观范温的议论，我觉得非常值得重视。钟书先生给了他极高的评价，是有道理的。我体会，范温所谓"有余"，就是有一些东西没有说出来，或者说不出来，只能意会，而不能言传。这就同印度的《韵光》的理论有近似之处，或者有了接触点。这一点非常值得我们注意。

钱锺书先生说:"范氏释'韵'为'声外'之'余音'遗响,足征人物风貌与艺事风格之'韵',本取譬于声音之道,古印度品诗言'韵',假喻正同。"这些意见都非常好。但是,我仍然觉得,声音之韵与人物风貌以及书、画、诗、文等艺事之韵,何以相通?相通之处究竟何在?似乎还有必要从生理和心理的角度来进一步深入探讨。我用"和谐"来解释,聊备一说而已。

我还想强调一点。尽管中印在韵的方面有如此惊人相似之处,但是两国的思想方法仍有其差异。像印度那样的分析,我们是没有的。我们靠一些形象的东西来说明问题。

1989年3月19日

论新体旧诗

"五四"运动以来的白话诗运动，我不认为是成功的。问题不在于白话与否，而在于迄今还没有找到合适的形式。既然叫诗，必然要有诗的形式，这是一个常识问题。那些反对这些常识的理论，以我愚鲁，听起来介于明白与不明白之间。

我的所谓形式，包括两个方面：一是行数和字数，一是韵律。前者在中国文学史上发展的规律大体上是由少到多，单拿字数来讲，总的趋向是由四言发展到五言，由五言发展到七言。其他字数不同的诗，也是有的，但只是偶一见之而已。为什么没有向九言发展，原因说简就简，说繁就繁，这里暂且不谈。

我个人觉得，形式中韵律更为重要，其目的在给人们的听觉以美感享受。原始民族的歌唱，以及给摇篮中婴儿唱的催眠曲，可以为证。这种听觉享受是人类（还有动物？）的良能。世界所有的民族没有没有音乐的。诗当然不是音乐，但是部分可以具有音乐的功能，这就是诗歌的韵律是熔意义和乐声于一炉的。

现在，我们的白话诗，缺乏的正是这种诉之于目的比较整齐的字数和诉之于耳的音乐性。作者虽然苦心孤诣制作一些迷离模糊的意象，可是至少对我来说是"只堪自怡悦"的，不能使我感动，更谈不到什么美感享受。

我不是什么诗人，但喜欢读诗，中外诗都读过不少，至今虽已至垂暮之年，积习依然难除，快乐仍旧未减。因此才敢斗胆提出我对新诗的看法。简短截说，我认为，白话诗这样下去，前途是渺茫的。现在有人提倡新体旧诗，我看诗人们不妨试上一试。

诗韵是很重要的问题。近读澳门林佐瀚教授的《无悔集》，在"自序"中，林教授引程祥徽教授的一首七律：

> 诗家最忌十三元，
> 戒律无端锁艺魂。
> 未死挺斋录鬼语，
> 狂生季立论人言。
> 地分南北调常异，
> 时隔古今音不浑。
> 濠畔群贤修禊后，
> 中原音韵出笼樊。

总的意思是说，十三元这一类中包含着许多古代能叶韵而后来不能叶的字。诗中的"季立"是明代的陈第，他论音韵时说过："时有古今，地有南北，字有更革，音有转移，亦势所必至。"这是非常正确的意见。这种例子，还不限于十三元，"台"和"回"，古代叶韵，现在就不叶。叶韵的目的是为了读起来铿锵悦耳，韵不叶，则达不到这个目的。所以，我们今天写新体旧诗，千万不要再胶柱鼓瑟，死死抱住旧韵不放，一定要用今天的新韵，也就是通行全国甚至世界的普通话的韵。字数和行数，则五绝、五律、七绝、七律均可，甚至还可以自创新形式，目的只在诉诸耳目，使读者能得美感享受。

1998 年 6 月 15 日

对于新诗的一些看法

首先要声明,我既没有写过诗,对诗也没有认真研究过;我只是对诗有兴趣,因此就不免有一些意见。现在就作为一个新诗的读者,反映一些浅薄的看法。

"五四"以来的新诗,成绩绝对是应该肯定的。它突破了旧形式,增加了新内容,表现了新时代的新精神;在中国诗的发展史上,它标志着一个新的阶段。

但是,新诗的成绩也不能夸大。新诗表达新思想,并不是绝对的。毛主席用旧诗词同样可以成功地表达新思想。这是一件耐人寻味的事情。此外,新诗在一定的程度上是脱离群众的;不但脱离了工农大众,而且也脱离了一部分知识分子,我就是其中的一个。我不大喜欢读新诗,觉得好的很少;而且一读过就忘记,不能背诵。读旧诗词,却得的印象深,不费什么力,就可以背过。

这是什么原因呢?我自己有一些保守,这也是可能的。但这决不是原因的全部。我认为,既然叫做诗,就一定要有诗的特点,也就是决定诗之所以为诗、中国新诗之所以为中国新诗的那一些东西。这些特点包括两方面:内容和形式。我觉得,好些新诗所缺少的正是这些东西。

有时候,我简直不了解,为什么一首诗就算是诗。我反复推敲研究,总觉得除了分行写以外,再发现不出任何特点。我试着把这些分行写的东西连写起来,一念,觉得同散文差不多。如果勉强去找区别的话，那就是，原来就是散文的散文逻辑性强一些，念起来流利一些；而这些用诗句连写成的散文，念起来就不免有点前言不搭后语，不十分流利。

我特别害怕中国的马雅可夫斯基体。我不大懂俄文，马雅可夫斯基的诗在俄文里究竟给人什么样的感觉，我不清楚，不敢乱说。但是，中国的马雅可夫斯基体，却给我一个非常别扭，非常不自然的感觉，不只是心理上的，而且也是生理上的。比如"我们要同心协力解放台湾"这样一句话，这样写是极其自然的；但是中国的马雅可夫斯基却一定要写成：

  我们
 要
  同心协力
解放
  台湾！

一句变成五行，除了浪费纸张以外，有时候我实在看不出有什么特别深奥的道理。我曾对一些写诗的朋友说过这样的话："说话流利就是散文，结结巴巴就是诗。"这句话，除了有一些片面有一些刻薄以外，难道就一点道理都没有吗？

有一次，我对一位诗人发表这些"谬论"，他对我说："诗的形式是由内容来决定的。"内容和形式是统一的，而内容起决定性的作用。这是马列主义的真理，是谁也否定不了的。但是，我认为，谈到文学作品，却不能过于机械地了解这一句话。有时候，同样一些思想感情，写惯了诗的人就用诗的形式来表达；写惯了散文的人就用散文的形式来表达。如果机械地了解的话,那么我们就要说:司马迁一辈子只有散文的思想,而杜甫除了一小部分散文思想外只有诗的思想。这是与事实不相符合的。

据我看,在决定一件文学作品是否是诗的问题上,内容起作用,是没有问题的;但是形式也起同样的作用。换句话说,就是,诗一定要有诗的形式。这形式可以是脚韵、句中韵、头韵,也可以是诗句内轻音和重音、长音和短音组成的韵律,音节的数目也起作用。各国语言的情况不同,诗歌的发展规律不同,不能勉强要求一致。但是必须有这样一些东西,却几乎是一致的。

举两个例子。

中国的旧诗,一方面有平仄的限制,另一方面又有脚韵的限制。旧词的限制就更复杂。这是人所共知的事实,不必详细论证。

在印度,古代梵文诗没有脚韵,却有由诗句内长音和短音组成的韵律和音节数目的限制。比如迦梨陀娑的《沙恭达罗》里的第一首诗,每句音节二十一、韵律是:

————U——, UUUUUU—, —U——U——

用梵文术语,这种形式叫做 Sragdharà。到了泰戈尔,才出现了所谓自由诗。我不懂孟加拉文;但据说泰戈尔用孟加拉文写的诗是有韵律的(见叶茨的《吉檀迦利导言》)。一翻成英文,就成了自由诗。据我自己的看法,在泰戈尔的自由诗里,有一些极其微妙的感觉,极其细致的观察。仿佛是电光一闪,灵感一现,诗人用短短的几句话把它捕捉住,而且恰到好处;用长篇大论的散文,反而令人有杀鸡用牛刀的感觉。除了这一点以外,我就看不出这些所谓诗还有什么特点。中文译本也给我同样的感觉。

中国的新诗也不全是自由诗。过去，有不少的诗人努力创造过新形式。但是我总感觉到，这一些新形式多半都有点洋里洋气。诗人们显然是注意模仿西方诗多，而注意模仿中国旧诗少。换句话说，在采用民族形式方面，做得很不够。

中国新诗的形式究竟应该何去何从呢？在几年以前，这问题也许不大容易解决。自从广大劳动人民都纷纷作起诗来以后，我认为，基本方向已经指出来了。现在工人诗人、农民诗人，以及无数的过去根本不识字或者识字还不多而现在学会了写诗的人们，风起云涌。他们使用的形式有极大的一致性。这决不是偶然的。他们使用的形式是与中国诗的传统形式一脉相承的。如果说他们是受了旧诗的影响，那么我们就要问：像王老九这样的农民诗人，以前不识字或者识字不多，很难设想，他们读过李白、杜甫的集子，这影响是从哪里来的呢？现在的知识分子出身的诗人，大概都读过一些旧诗，他们反而不受影响，事情不是有点奇怪吗？这一点是十分值得我们推敲玩味的。

我也并不是说，目前的所谓民歌体就是唯一的最好的形式。这个形式还必须发展。而且一定会发展。只停留在目前的阶段上，是不能满足我们的要求的。但是发展必须有一个基础，我看，民歌体就是很好的基础。其他的形式只可能在发展中起一些作用，它们没有资格来做发展的基础。

最后，我还要声明一下：我不懂诗，上面这些话只能算是一个外行人对诗的一些极其浅薄甚至不正确的看法。

1959 年 5 月 14 日

漫话历史题材

粉碎"四人帮"以后,中国文艺界迎来了百花争妍、万紫千红的繁荣景象。许多被"四人帮"血口喷人诬陷打击的老作家恢复了名誉,振奋了心情,正在以"老骥伏枥,志在千里"的精神,从事写作,希望在有生之年写出更好的作品,为实现四个现代化贡献力量。一批年轻的小将,思想本来就没有多少框框,正在斗志昂扬,勇闯禁区,提出了一些发人深省的问题,写出了一些为广大人民群众所喜爱的作品。眼前的文艺界确实一派大好形势,无论谁看到都会感到由衷的喜悦。

是不是就没有问题了呢?我看,还不能这样说。有一些文艺工作者心有余悸,思想没有得到解放,前怕狼,后怕虎,活像小脚女人走路,同今天的形势,完全不能适应。甚至还有少数同志思想僵化,或者半僵化,望禁区而却步,谈帮派犹变色,无穷无尽的忧虑,数不完的清规戒律,这也不敢,那也不能,党的十一届三中全会已经决定把全党的工作着重点转移到社会主义现代化建设上来,第五届全国人民代表大会第二次会议已经开过,肯定了党的路线。在这样一个伟大的历史转折时期,这样一种精神状态是完全不适应的。群众"希望有更多的好作品出世",文艺工作者必须倾听群众的呼声,满足他们的愿望。

这里面问题很多,我只谈一谈文艺作品的题材问题。

同别的问题一样,这个问题也让"四人帮"给搞乱了。根据马列主义经典作者的意见，题材本来不应该有什么限制的。主要问题是作者的世界观和阶级立场。这是决定一切的。但是"四人帮"却别有用心地叫嚷什么只准写13年，否则就棍子乱打，辫子乱抓，帽子乱扣，仿佛犯了弥天大罪。就算是写13年吧，他们又设置了种种障碍，又搞什么三突出，仍然是一系列的枷锁，套在作家的脖子上，让人们喘不出气来。总之，"四人帮"的险恶用心，就是扼杀一切文艺创作，只剩下他们的"样板"，只剩下他们的儒法斗争。

我现在想再把题材的范围缩小一下，缩到利用中外古代题材的问题上。这在"四人帮"横行时期，是不可想象的，没人敢谈的。连写鸦片战争以后的一百多年的历史人物和事件，连写解放后17年的历史人物和事件都不允许，更哪能谈利用中外古代的题材呢？但是世界各国文学史都证明了相反的情况。各国都有一些伟大的作家利用历史资料而取得伟大的成绩的。在外国文学方面，我只举一两个例子。世界上最伟大的作家之一、英国的莎士比亚，大家都知道，他写过不少的历史剧，一直到今天还受到读者和观众的欢迎。也是属于世界上最伟大的作家之列的德国的歌德和席勒，也都利用历史题材写过不少的受到人民群众热烈称赞的剧本。除了英国的莎士比亚、德国的歌德和席勒以外，各国文学史上都有很多的大作家，不管是戏剧家，是诗人，还是小说家，都曾利用历史题材写出了为当时的人民群众所欢迎而一直到今天还葆其青春活力的作品。

我现在再举一些中国的例子。在中国文学史上，利用历史题材的例子多不胜举。司马迁，大家都知道是一个伟大的历史学家，但是从另一个角度来看，他写的一些本纪和传，实际上是借历史人物的活动抒发自己的牢骚和愤懑，这些也都是文学作品。这当然同利用历史题材来创作还稍有所不同，我不过在这里顺便提一下而已。

真正利用历史题材来创作的例子也是很多很多的。唐代大诗人白居易的名篇《长恨歌》就是写的两个历史人物杨贵妃和唐玄宗的爱情。以后在宋代志怪及传奇文中，利用历史题材的还有不少，比如宋朝乐史作的《杨太真外传》，就是利用杨贵妃的故事；《赵飞燕外传》利用汉赵飞燕的故事。宋代的话本，历史题材更多，什么《唐太宗入冥记》《孝子董永传》等等都是。利用唐僧玄奘赴西天取经的故事以创作文学作品，自宋元就已开始。到了明朝遂有了《西游记》这样脍炙人口的作品。《三国志演义》《水浒传》也都可以说是历史题材。而从元代起，戏剧取材于历史的更是多得很，此风流传沿袭直至清代未衰。许多京剧或地方剧，题材都是从历史上取来的。有的是国家大事，也有些是市井小事。这些事件都变得家喻户晓，老幼皆知。过去许多不识字的老百姓之所以能够有一点中国历史的知识，主要原因就是他们看剧、听剧。我们现在真正没法估计，中国旧剧在这方面究竟作出了多大的贡献。

近代中国伟大的文学家鲁迅也曾利用历史题材写过一些小说，都收在《故事新编》里。鲁迅利用旧题材，态度是非常严肃的。好多故事内容都经过了一番考证，比如《出关》和《采薇》等等。但这并不妨碍他用旧瓶盛新酒。他在这些小说中所表现的爱与憎，歌颂与讽刺，都是针对当前的人物和事件的，在这方面他的态度是非常鲜明的，一点也不含糊的。

我们为什么要利用历史题材呢？我们今天的文艺当然要以反映社会主义社会生活为主，这是不容置疑的。我们今天要写的题材多得很。我们要描绘向四个现代化进军中的动人事件和英雄人物，借以鼓励大家前进。我们要提倡解放思想、开动机器、实事求是、团结一致。这是实现四个现代化所必不可缺少的。我们也要大力歌颂像张志新烈士这样的英雄人物、优秀党员。我们当然也要歌颂老一辈革命家的丰功伟绩。所有这一切都是为当前的政治服务的，都是实现四个现代化向着光辉灿烂的社会主义共产主义前进必不可缺少的。但是仅仅这一些还是不够的。文艺的生命在于丰富多彩，单调是文艺的大敌。仅仅用一种题材是完全不够的。我们要提倡风格多样化，形式多样化，体裁多样化，也要提倡题材多样化。正如吃饭一样，天天吃同样的东西，是会倒胃的。天天是阳春白雪，不行；天天是下里巴人，也不行。因此古代历史题材就是必不可少的了。它同现代、当代的题材是异曲同工，殊途同归。表面不同，实则一致，它除了给人以艺术享受外，还可以在某种程度上给人以历史知识，帮助人民总结历史经验，丰富人民的智慧，提高人民的民族自信心、自尊心，帮助人民从历史事件中吸取教训。分清是非，辨别邪正。像包拯、海瑞一样的清官，今天不正在受到一些老百姓的欢迎吗？

利用历史题材，并不等于写历史。我们当然不能歪曲历史，但也不必斤斤计较历史细节。题材是旧题材，思想内容却完全是新的思想内容。用句通俗的话就是"借题发挥"。借用历史题材抒发自己的感情。历代利用历史题材的诗歌、小说、戏剧，抒发出来的感情都是作者的思想感情。这也是毫无疑问的。在这里关键是作者，题材不是关键。鲁迅先生说：

> 我以为根本问题是在作者可是一个"革命人"，倘

是的，则无论写的是什么事件，用的是什么材料，即都是"革命文学"。从喷泉里出来的都是水，从血管里出来的都是血。(《鲁迅全集》第三卷，第408页，《革命文学》1927年)

现在需要的是斗争的文学，如果作者是一个斗争者，那么，无论他写什么，写出来的东西一定是斗争的。(《鲁迅全集》第十卷，第236页，1934.10.9信)

我们首先都要争取做一个"革命者"，一个"斗争者"。只要有了这个先决条件，我们不妨提倡一下利用历史题材写诗，写小说，编剧本，在向四个现代化进军中，迎来一个比现在更为光辉灿烂的百花齐放、万紫千红的文艺的春天。

1979年6月30日

现代中国文学史研究回顾

现在正是 20 世纪的世纪末,回顾近一百年来中国学术发展的轨迹,很有意义,也很有必要,势在必行。但这是一个很大的题目,全面回顾,决非一举手一投足一蹴而就之举。退而求其次,我只能选一个小题目中的小题目,谈一点个人肤浅的看法。

我选的是中国文学史。

中国是世界上唯一的历史大国,在浩如烟海的正史和杂史中,有不少关于文学和文学家的记述,比如众多的"文苑传"之类的东西就是。但是文学史却没有过。约一百年前,文学史才开始出现,我怀疑这也是外来影响的结果,我现在没有时间到图书馆翻检群书,而且我自己也并不是一个中国文学史的研究者,我只能根据自己老年有点昏聩但还不至于太昏聩的记忆,给过去约一百年来中国文学史的写作作一个简短笼统的叙述。书名容或有点出入,但我相信无伤大雅。

中国最早的文学史著作,大概滥觞于清代末年。黄人的《中国文学史》和林传甲《中国文学史》出现于 1900 年至 1910 年。其后有作于 1912 年的王国维的《宋元戏曲史》,作于 1918 年的谢无量的《中国大文学史》,谢好像还有一部《中国妇女文学史》。"五四"运动前后,有刘师培的《中古文学史》,鲁迅的《汉文学史纲要》《中国小说史略》,胡适的《白话文学史》。30 年代初有郑振铎的《插图本中国文学史》,这部书似乎始终没有写完。40年代初有刘大杰的《中国文学发展史》上卷，下卷1949年出版。建国以后，出版了王瑶的《中国新文学史稿》（1951年）。1962年中国科学院文学研究所出版了《中国文学史》。1964年北大出版了游国恩等主编的《中国文学史》。至于文学批评史则有建国前罗根泽、郭绍虞的著作，建国后有敏泽的书。我还要补上一部书，这就是建国前陆侃如和冯沅君合著的《中国诗史》，实际上也是文学史。

以上这一些书都产生了或大或小的影响，推动了中国文学史的研究，成绩不容抹煞。

其中有没有问题呢？有没有不足之处呢？当然会有的。前一期我不谈了，只谈建国以后的。即使是仅限于建国以后，也为我的能力所不逮。我于此道决非内行里手，我只是一只野狐，而且是一只不安分好胡思乱想的野狐，偏爱谈禅。思想解放，应该说是做到了。但是，解放一过头，就往往流于胡说八道。下面这一些话过没过头，敬请方家指正。

我想谈以下几个问题。

首先谈思想性和艺术性。

众所周知，评判一部（篇）文学作品的两个基本标准就是思想性和艺术性。这两个标准中哪一个更重要呢？一般的看法大概都说是前者。解放后的文学史，还有大量分析文学作品的论文，都用大量的篇幅来分析思想性，彩笔生花，头头是道，把个思想性分析得淋漓尽致。艺术性呢，则往往在尾巴上点缀上几句，不痛不痒，也搔不到痒处。好像只要有了思想性，就是好文章，艺术性则是可有可无的。我不清楚这种做法是从哪里学来的。我总怀疑，这是受了我们一边倒的那个大国的影响。以马克思主义为指针，这是完全正确的，无可非议的。但是，那个大国"发展"了的马克思主义却往往有点独出心裁。我们受了影响。

以我猥陋，窃以为评定文学作品首要标准是艺术性。有艺术性，斯有文学作品。否则，思想性再高，如缺乏艺术性，则仍非文学作品。这个道理并不深奥，稍一思考，便能明白。因此，我认为，写文学史，应置艺术性于第一位。只要艺术性强而新，即使思想性差一点，甚至淡到模糊到接近于无，只要无害，仍能娱人，因而就是可取的。

现在讲一点人民性的问题。人民性属于思想性的范畴。评论文学作品，讲人民性是完全应该的。但是，有一些学者把人民性过分地简单化了。据说个别学者在文学作品中找到类似"人民"这样的字眼，就如获至宝。这样做，似乎是太肤浅了一点。我觉得，人民大众总是要求进步、要求向上、要求光明、要求幸福的。一部书，一篇文章，一首诗，只要能满足人民在这方面的要求，就是好的。反之就是坏的。这道理不是非常明白浅显吗？

人民性的表现，决不能通过枯燥乏味的说教，而是要通过艺术性。谈到艺术性，其内涵异常丰富复杂，决非一两句话就能说清楚的。我在上面谈到，文学史家往往不重视艺术性，而艺术性最重要的表现工具，我认为是语言文字，这一点更几乎没有人注意到。古人说："工欲善其事，必先利其器。"文学家的"器"是文字，口头文学当然是语言，这不在话下。拿中国用汉文写作的诗人和散文家来说，汉文就是他们的"器"。汉文的特点同西欧文字迥乎不同。用汉文写作的作家——我指的是现代的，对古人当然不能这样要求——和汉文学史的研究者，几乎没有人注意到甚至意识到这个问题。如此而谈艺术性，焉能不南辕而北辙呢？汉文没有字母，只有单个的字，每一个字就等于一幅画。它没有形态变化，有人谴责它模糊，想加以改造，鲁迅、胡适等都有过这种想法。但是据我看，汉文妙就妙在它模糊，模糊能够迫使人们必须具有整体概念，具有普遍联系的观点。作汉文诗——某一些散文也一样——要讲求韵律、平仄、对偶、声调，要炼字炼句。有名的例子俯拾即是："云破月来花弄影""红杏枝头春意闹""春风又绿江南岸"，等等。王国维说：着一"闹"字，而境界全出。可见炼字之重要性。西方作诗，也有类似情况，但同汉文比起来，则是小巫见大巫了。

对上面这些情况不了解、不注意，汉诗的艺术性从何谈起呢？中国古代大诗人，各有各的风格，各有各的艺术特点。这风格和特点都是同我上面说的汉文特点分不开的。大家常说杜甫"沉郁顿挫"，李白"飘逸豪放"，还有什么"郊寒岛瘦"一类的说法。可是我还没有看到有哪一个文学家把这种风格说清楚的，甚至说连说清楚的想法都没有，岂不大可哀哉！

我想在这里打一个通俗的比方。《三国演义》中关云长用的是青龙偃月刀，张翼德则用丈八长矛。刀只能砍，刺起来就困难。长矛只能刺，砍起来当然别扭。这道理是明摆着的。西方诗人用有形态变化的文字写诗，中国诗人用的则是没有形态变化而有许多对西方人来说是极为古怪的特点的文字写诗。评论东西方诗歌的艺术性，如果连这一点都不注意，其结果会是什么样的，不是一清二楚了吗？

我曾有一个古怪的建议：大学中文系研究古典文学学生必须有一门新课，讲点音韵、平仄，对对对子，最好自己也写点旧诗，不是当今颇为流行的古诗顺口溜，而是地地道道的合辙押韵的旧诗。只有有了这一点不管是多么微小的感性认识，读起或者研究起汉文古诗来才能心领神会，真正体会到它的妙处。提出见解，写成文章，才能真正说到点子上，不至于隔靴搔痒，成为连篇的空话。

还有同艺术性甚至思想性有联系的中国文艺理论，也必须在这里谈一谈。前期的理论我暂且不谈，那样会扯得太远。我只谈清代的。清代在继承前代的基础上有了些新发展，形成了一些著名的流派。比如说王渔洋的神韵说，以"不著一字，尽得风流"为诗家极诣。沈德潜的格调说，主张温柔敦厚。袁子才的性灵说，论诗主"真"，重"情"。翁方纲的肌理说，主张以学为诗。最后还要提到王国维的境界说。所有这一些理论和术语都是从具体的诗歌创作中升华出来的，与西方论诗的理论，虽不能说无相通之处，但却是迥乎不同的。要把这些术语解释清楚并不容易。我在很长的时期内曾经有一个想法，想用西方所谓的"科学的"文艺理论术语把中国的术语说清楚。最近我才领悟到，这是办不到的。这是两种不同的思想体系、两种不同的审美情趣所决定的，中国的文艺理论术语只能用中国"土法"来解决、来解释，"洋玩意儿"在这里是无能为力的。中国这一套"可以意会不可以言传"的东西，中国禅宗主张"不立文字"的办法，对西洋人来说，恐怕实在是有点玄妙，无法理解。

我在上面拉拉杂杂地写了一大篇，归纳起来无非是想说：近代中国文学史的研究，是凿空的伟业，成绩极大，影响很好。但是，到了今天，却不能不承认：问题也不少。特别是建国后，成绩与不足双突出。因此，我作为一个也许不太"清"的旁观者斗胆建议，研究中国文学史的行家里手们重新检查一遍过去将近一百年来的工作，肯定好的，纠正差的，予以实事求是的评价。至于解放后的几部中国文学史，不管成绩多么辉煌，现在恐怕有点陈旧落后了，当时政治环境留下的很多痕迹应当加以清洗，分析作家和作品，不能简单化，艺术性和思想性应当使之各占应有的位置，中国汉语的特点应该照顾到。只有这样，才能满足今天人民的需要，才能真正弘扬我们的优秀文化。

那么，我们应该怎样做呢？我只有一句话，这就是：要重新撰写中国文学史。

原载《北京大学学报（哲学社会科学版）》1995年第3期

文学批评无用论

读最近一期的《文学评论》，里面有几篇关于"红学"的文章，引起了我的注意。有的作者既反省，又批判。有的作者从困境中找出路。有的作者慨叹，"红学"出了危机。如此等等，煞是热闹。文章的论点都非常精彩，很有启发。但是，我却忽然想到了一个怪问题：这样的"红学"有用处吗？对红学家本身，对在大学里和研究所里从事文学理论研究的人，当然有用。但是对广大的《红楼梦》的读者呢？我看是没有用处。

《红楼梦》问世二百年以来，通过汉文原文和各种译文读过本书的人，无虑多少个亿。这样多的读者哪一个是先看批评家的文章，然后再让批评家牵着鼻子走，按图索骥地去读原作呢？我看是绝无仅有。一切文学作品，特别是像《红楼梦》这样伟大的作品，内容异常地丰富，涉及的社会层面异常地多，简直像是一个宝山，一座迷宫。而读者群就更为复杂，不同的家庭背景，不同的社会经历，不同的民族，不同的国家，不同的文化传统，不同的心理素质，不同的年龄，不同的性别，不同的职业，不同的爱好——还可以这样"不同"下去，就此打住——，他们来读《红楼梦》，会各就自己的特点，欣赏《红楼梦》中的某一个方面，受到鼓舞，受到启发，引起了喜爱；也可能受到打击，引起了憎恶，总之是千差万别。对这些读者来说，"红学家"就好像是住在"太虚幻境"里的圣人、贤人，与自己无关。他们不管"红学家"究竟议论些什么，只是读下去，读下去。

因此我说，文学批评家无用。

不但对读者无用，对作者也无用。查一查各国文学史，我敢说，没有哪一个伟大作家是根据文学批评家的理论来进行创作的。

那么，文学批评家的研究不就是毫无意义了吗？也不是的。他们根据自己的文学欣赏的才能，根据不同的时代潮流，对文学作品提出自己的看法，互相争论，互相学习，互相启发，互相提高，这也是一种创作活动，对文学理论的建设会有很大的好处。只是不要幻想，自己的理论会对读者和作者有多大影响。这样一来，就可以各安其业，天下太平了。

上面这些话其实只有幼儿园的水平。可是还没有见有什么人这样坦率地说了出来。就让我当一个"始作俑者"吧！

1989 年 1 月 26 日

漫谈文学作品的阶级性、时代性和民族性

最近翻看宋人笔记,发现一条内容基本相同只是稍有改变的笔记,竟出现在八本书中。我现在从宋赵与旹的《宾退录》卷九中把这条笔记抄在下面:

> 读诸葛孔明《出师表》而不堕泪者,其人必不忠。读李令伯《陈情表》而不堕泪者,其人必不孝。读韩退之《祭十二郎文》而不堕泪者,其人必不友。

这给我们提出了一个值得深思的问题。这条笔记始作俑者是谁,我想,我们不必去深究。既然它出现在几本书中,可见它触到了一些人的灵魂,引起了共鸣。我们今天读了,仍然会在不同程度上引起共鸣。至少是我自己,还有我认识的一些朋友,读了《出师表》《陈情表》和《祭十二郎文》,确有想堕泪之意。这几篇古典文学作品确实触碰到了我们内心中的某一些地方,震撼了我们的灵魂,使我们受到感动,得到了"净化"。

但是,最近四五十年以来,我们的唯物主义的文艺理论告诉我们:文学作品是有阶级性的,是有时代性的,是有民族性的。《红楼梦》中贾府上的焦大不会喜欢林妹妹,事实昭著,不容否认。这一套唯物主义文艺理论,有其正确之处,也不容

否认。

连不可能是历史唯物主义者的清代诗人赵瓯北也高唱:"江山代有才人出,各领风骚数百年。"可是中国文学的发展却在一定程度上否定了赵瓯北的论点。李杜文章到了现代,经过了不是数百年,而是一千多年,仍然很"新鲜"。像李白、杜甫,中国还有一些诗人和散文家,诸葛亮、李密和韩愈就属于这一些人。外国也有一些作家和作品,可以归入这个范畴。

这些作家和作品的阶级性、时代性和民族性哪里去了呢?我个人觉得,倒是马克思主义的老祖宗马克思敢于说:希腊神话有永恒的魅力。

最现成最合理的解释就是,在承认文学作品的阶级性、时代性和民族性的同时,还承认一个贯通这些性,或者高踞于这些性之上的性:人性。我这种说法或者想法,在文艺理论家眼中,也只能是文艺理论幼儿园的水平。但是,在过去一段时间内,谁要提"人性"就是"人性论",而"人性论"就是"修正主义",离开反革命只有一根头发丝的距离了。我们今天托了改革开放的福,敢于把人性提了出来。我偶然读到宋人的笔记,心有所感,不避幼儿园之讥,写了以上这许多话。

1993 年 8 月 22 日

外国文学研究中的几个问题

今天我要讲的这些意见，是深思熟虑多年而形成的。当然不一定正确，因为水平有限，但有些方面或许对同志们有所帮助。

我讲的第一个大问题就是怎样提高研究外国文学的理论水平的问题。

首先要提高马列主义文艺理论水平，这是基本，不能动摇。我跟大家一样，也是解放后才学习马列主义的。我像好多知识分子出身的人一样，向马列主义学习，恐怕不是通过实践，而是通过理论，学习社会发展史，了解从原始社会到共产主义社会的发展史。我解放前没吃多少苦，没有"三忆三查"，就是学习社会发展史，认识到人类社会不管多么曲折，但终究要实现共产主义。社会发展史告诉我，这条路绝没有错，是科学的，只不过是时间问题。我读过《资本论》、马克思主义的政治经济学，感到确实有说服力。在新中国要想搞文学的话，只有钻研马列主义文艺理论，学习马列主义经典著作，帮助我们弄清一些问题，只有靠这个，没别的办法。我还看过普列汉诺夫《没有地址的信》，感到他讲得很有道理，讲艺术起源、艺术的阶级性、艺术与劳动的关系。如果列宁不肯定普列汉诺夫，恐怕普列汉诺夫也没有今天的地位。我建议同志们看看这本书。还有德国梅林的文艺理论，我感到他讲得也不错，很有道理。我向在座的提一个要求，包括我自己在内，学习马列主义文艺理论,没有看过的,可以看,看过的,还可以再看,因为看理论书,一遍很难看懂。

第二,学习中国文艺理论。就我国的文艺理论来讲,历史悠久,水平相当高,能持之有据,言之成理,形成一个独立的体系,不愧是世界四大文明古国之一。中国文艺理论非常丰富,有现成的书:郭绍虞的《中国文学批评史》、罗根泽的《中国文学批评史》。另外如郭先生编的中国古代文论选和文艺选,同志们也可看一看。这里我特向你们推荐一本敏泽的《中国文艺理论批评史》。敏泽是中年人,他的书我看了,虽然资料不如郭老的多,但叙述得很有系统,中国文艺理论批评史讲得非常清楚。有一次我问朱光潜先生:你看敏泽的书怎么样?他讲:不错,另外呢,他的写法跟我们都不一样。我觉得这个好,他要是跟老一代都一样,就没有什么进步了,要的就是不一样。我没有意思贬低老一代,老一代有老一代的成就。可是我呢,我始终相信青出于蓝而胜于蓝,年轻一代超过我们,这是历史规律,你承认不承认都是这样。我认为九斤老太的思想是不行的,不符合事实。当然也不是说,年轻的同志不努力也比老的强,谁要说我比你年轻,不努力也比你强,就是一点自知之明也没有,将一事无成。另外我想,同志们如果有兴趣的话,最好读读中国古代文论:曹丕的《典论·论文》、陆机的《文赋》、唐朝司空图的《诗品》,特别是王国维的《人间词话》,里面每一段都不是长篇论文,但却讲了许多文艺理论,我相信你们看了以后一定爱不释手。《文心雕龙》在世界上声誉很高,日本人研究的比较多。我国有四川大学的杨明照先生,他是《文心雕龙》专家;还有范文澜先生,他是搞历史的,但在20年代初就搞过《文心雕龙》,我讲的这是老的。后来有年轻的,如王元化同志，他给我寄了一本《文心雕龙创作论》，我觉得非常精彩，看了以后，感到跟敏泽相似，也是中年人，近代文学的路子搞得跟老的不一样。去年在日本召开了一个国际讨论会，王元化去参加了，谈了他对《文心雕龙》的意见，为我们国家增了光。《文心雕龙》这本书的内容、主要理论，要搞清楚是很不容易的，需要几代人的努力，几代都要学习。

第三，学习西方文艺理论。西方文论从柏拉图、亚里士多德开始，在这之前也有。这里有一本书，同志们最好费点工夫看看：朱光潜的《西方美学史》。书一开头就研究古希腊，有些我们不知道，如有一个数学家毕达哥拉斯，他是自然科学家，也有文艺理论，我认为相当精彩，他从数学角度来讲。后来柏拉图也有，最后集大成者是亚里士多德，大家都知道。应该把朱先生的《西方美学史》看一遍，这本书不难懂。如看它一遍，再看一遍敏泽或是郭绍虞先生讲中国文学批评的书，两条腿走路，那就好了。我们的路子跟希腊很不一样。我的印象是，希腊一开始就讲文艺理论，而亚里士多德还有别的理论，多极了，因为是自然科学，跟他的整个哲学系统都有联系。他对问题分析很细，大概有名的是讲悲剧。希腊人一开始就讲悲剧喜剧。对悲剧，亚里士多德有一个很著名的理论，就是悲剧能够净化人的思想，净化灵魂。他分析悲剧的路子方法跟我们早期的文学批评家包括刘勰在内的《文心雕龙》不一样。中国的文艺理论分析不很细，而是给人印象。西方讲分析，而中国讲综合。后来到了唐朝，又讲神韵，特别是司空图的《诗品》，那里把诗分成二十四种意境或境界。后来有许多人讲神韵，说"不着一字，尽得风流"，大家都知道这个。我们讲文艺批评要神似、形似，形似就是形式、外表相似，我们要神似，精神相似。中国文论讲究韵,即神韵,讲究味。西方文论,从希腊开始,一直到今天,通过中世纪、文艺复兴,体系发展了,但同我们不一样。我们根据印象,如司空图的《诗品》都是些印象,什么雄浑、沉着、洗炼、典雅、豪放、含蓄、婉约等等。中国文论史上,有的人主"神韵",也有人主"性灵",就是讲有"性灵",就有好诗;王夫之的"性情"说,认为诗最重要的是性情。还有王国维的《人间词话》,他有"境界"说,认为有境界就是好诗,没有境界就不是好诗。如果没有接触欧美那一套,我一点也不怀疑;接触了,觉得我们的不易说清楚。你说什么叫"雄浑",讲不出来。"性灵""神韵""境界",哪一种文字也翻不出来,白话也翻不出来。王国维还有一说,讲"隔与不隔",说不隔就是好诗,如"池塘生春草",池塘里长出春来了。王认为"不隔"因为一看就懂,一点也没有隔阂。但用"谢家池塘",用了典故,说春草,却不讲春草,用"谢家池塘"讲春草,这就隔了,不行。用一两个典故有什么了不起,说用典故就隔,这就绝对了。我们的这些名词,包括司空图的《诗品》,说不清楚。一看就懂,一问就糊涂。我觉得应把中国文艺理论这一套,用逻辑语言讲出来,不要形象。中国过去评论一个人,从后汉特别是到了南北朝,是根据人的形象,如"出水芙蓉"。可你说究竟什么是出水芙蓉?是好是坏,不好说。这是些比喻,把形象给你,你接受形象的人,形象在你脑筋里面活动,转成思辩,然后得出结论来。我看这有点玄乎。出水芙蓉,我们都懂,可是你理解的出水芙蓉,跟他人不一样,中间都要经过脑筋加工,怎么叫出水芙蓉,就是池塘里面长出一枝荷花,那一定是很美丽的、很挺直的。很形象,但说清楚很费劲。诗词讲究神韵,李白的诗,杜甫的诗,两个都是大诗人，可完全不一样，哪一首是李白的，哪一首是杜甫的，你看得出来，甚至诗的一开头，讲这么几句就知道是李还是杜了，但要突出其区别，就不容易了。我们用"雄浑"等，给你一个概念，让你自己去分析。我看，保留下来的这些东西，其中包括的内容，西方的文艺批评表达不出来，我们的就能表达出来，这是一个。另一个是囫囵吞枣，含含糊糊，不太精确。我们怎么把马列主义文艺理论、中国文艺理论，加上西洋文艺理论都吃透？要把这些东西说清楚很难。若能做到这一步，在世界就是先进的。有一个不妥的比喻：中西医的问题。中医能治病，针灸就很有效，但道理很玄乎。我倒不认为中医不科学，因为实践是检验真理的标准。我的意思是要把中国的这些概念说清楚，要提高理论水平才能把它说清楚。希望大家看一些书，如《歌德谈话录》。埃克曼是歌德的秘书，他每天都到歌德那儿去，歌德跟他聊天，这是一个有心人，把谈话内容全都记录下来，成了一部书。他举了一个例子：一天，歌德拿一幅油画给埃克曼看，问画得怎么样，埃看了说好极了，是伟大的作品。歌德又问，你看画里有没有问题？埃说，我看不出。那幅画的背景是一个太阳，中间站着一个人。歌德说，太阳在后面，人在这边，那么人的影子应在什么地方？如果太阳在那边，人在中间，影子应该在相反的一边，对吧？埃克曼说对的，那影子画错了。歌德说，为什么画错了而你看不出来。关于这个，他的解释也不一定对，他的解释似乎是：伟大作家能改变自然。我感到这有道理，歌德的思想非常有趣，他解释：艺术家以违反自然的东西画出来，可叫你看不出来，你说是不是伟大的作品？也不能说每部伟大的作品都这样，我的意思是希望同志们能够看一看《歌德谈话录》，你当它看小说也行。还有莱辛的《拉奥孔》和《汉堡剧评》、海涅论浪漫主义、雨果论文学以及好多大作家论文学。这些确实与希腊是一个体系，总的来说，世界观是唯心主义的，但还是值得一看。关于歌德这个人，你扣他一顶完全唯心主义的帽子恐怕不行，他还有个讲法也很有意思，他研究植物说"花是叶子变的"，我们看了一辈子花也没有想出来花与叶子的关系是什么。我看高尔基论文艺，同志们也可读一读，并不费劲，疲倦时翻翻，可以解除疲劳，增加知识。还有一例，是朱光潜先生50年前上文艺心理学课时讲的，就是"为什么美"的问题。马列主义文艺理论似乎没有完整地接触这个问题。天下有美、有丑。我们研究语言文艺的，都有一个平凡的判断本能。在50年前，欧洲有一派文艺心理学家作出了解释，对不对是另外一回事。举个美国选电影明星的例子：他们在大木头杆上雕一个人形，让女孩子站在里面，要完全符合，不差一点，否则就扣分。要是进不去，就根本不行。另外，跳芭蕾舞，是很美的，不美没有人去看。可"四人帮"时期，强调阶级路线，芭蕾舞演员得从农民、工人里去找，这是江青的路线，后来行不通。因为农村姑娘要参加劳动，劳动有其美，农村姑娘一般都很康健，皮肤发红，也是美，这是另一种美。可你要她转圈不行。阶级路线贯彻不了。如果你找个老太太，体重三百磅，让她跳芭蕾舞，就没有人看。为什么现在我们的芭蕾舞很美，而三百磅老太太跳就不美，这就有个道理。奥地利心理学家李普斯的"感情移入"说就是我的感情移到自然界、客观事物上去。如我们看流云之泻，不让你在生理上感到负担，你就觉得美。当然还有静物，如泰山、黄山也很美。这是50年前资产阶级的东西，但起码可以让我们的脑筋开开窍。为什么美，我是不能解答这个问题，让资产阶级来解答，用心理学。李普斯和弗洛伊德一样是医生，他们不是瞎扯。今天的外国文艺理论流派我不清楚，但要是拜倒在它们的脚下，那是我们没有出息。可一概否认，既不了解，也不研究，也是行不通的。我们要了解，只要有机会，都可以研究，研究以后，才能决定拒绝还是接受哪一部分，这才是正确的。我认为现在有些人有点崇拜存在主义这个东西。特别是青年。可什么叫存在主义，并不清楚，抓住一点概念就以为是了，存在主义哪有那么简单。现在的文艺思潮，千奇百怪，恐怕二十年以后，剩不了几个。第一次世界大战后有好多主义，现在都没了。现在也是这样，千万不要迷信，包括意识流。还有朦胧诗，我是坚决反对的。我认为写朦胧诗的人有的接近骗子，看的人是傻子。文艺的目的是写出来给人看，要让人看懂，如果不让人懂，你就别写。

第四，印度文艺理论。印度文艺理论有两千多年的历史，是值得研究的。印度很有意思，他的文艺理论讲戏剧与舞蹈是一码事，如电影，没有一部电影不突然给你来个歌唱，载歌载舞。问印度人这是怎么回事，回答说：我们印度人的电影有两个条件，第一个要有歌舞，否则没人买票；第二个是长，四小时以下，这电影不行。我们也有，越剧也是载歌载舞，还有京剧、黄梅戏都有散文与诗词结合在一起的情况。欧洲没有这种情况。一次看欧洲的歌剧，发给我唱词，一晚上才两页唱词，它并不在乎内容，翻来覆去地唱这么几句，就像我们的戏《空城计》，内容早就熟知了，看了几十年，照样有人去看。要看情节，就得看《霍元甲》。外国的歌剧，也是重在听它的声音、音调，我们的《空城计》要看是谁唱的。

但是我们现在的话剧就不同，它是外来的。我问戏剧学院

1984年，中国外国文学学会第二届年会，会后季羡林同与会人员合影留念。

的一个人："话剧，农民接受不接受？"那人摇摇头。就拿北京的老百姓来说，他们喜欢看评剧。在戏剧方面，我是个外行，但外行有外行的好处，能看到内行看不出的问题，如话剧有没有个民族化的问题。开个玩笑，你请我去看话剧，我不如坐公共汽车，那里每个人都是演员，都进入角色：有骂架的，有谈话的，这要比剧场真实得多。当然，这么说有片面性。我总觉得印度在文艺理论方面有些不足，但有些地方很有趣。如他们的文艺理论书中有一个例子，是一个词，叫"恒河上茅屋"，有三种意思：一是当面的意思，不通。茅屋只能在河岸上，不能在河上；二是引申之意，即在恒河的边上；三是言外之意，意思是神圣安静，因为恒河是圣河，茅屋则表示安静，第三种意思是最高境界。这像我们的"言外之意"，欧洲人不讲这个，起码是不着重讲。我们中国，讲有个"味"，即你不直接讲，要有言外之意，让你琢磨琢磨，跟吃橄榄一样，回味方甘。在这上面，中国与印度相似。

关于文艺理论，我想讲这四方面。

第五，汉语问题。我希望同志们要学习古文。在座的年青人都研究外国文学，要具有一定的汉语基础，这就是先背上二百首诗词，旧的；古文也背上几十篇。我不是吓唬同志们，你脑袋里没有几百首诗词，几十篇古文，要写文章，想有什么文采，那非常难。希望大家能补这一课。要多看一点古典文学作品，特别是小说。我推荐大家看《儒林外史》，在语言上，在中国古典小说里可与《红楼梦》媲美。这种书不要只看一遍，像《红楼梦》我起码看了七八遍。《邓小平文选》中有几篇谈到文艺，说要提高表现力，这很重要。你要翻译，就要有一点文采。原作是部好书，经你一翻，一点文采也没有，你对不起原作。文学的论文，逻辑性要讲，也应有点文采。《儒林外史》的表现力很强，用词达到出神入化。如它表现劳动人民不缠脚，用了"大着一双脚"，这个"大"字用得非常恰当，没有其他词可代替它。我们研究外国文学，是不是也有个提高表现力的问题。对外国文学，思想性可吸收的不是太多，而艺术性要吸收的则非常多。如《罗摩衍那》，其表现方法、表现力等，也有很多是值得我们学习的。我们研究外国文学是有目的的，这目的就是要提高表现能力。

第六，外语。千万不要只学一种，应像韩信将兵，多多益善。我们大家都要学英语，英语是世界性语言。我们知道德国人对自己的文化造诣有点自负：讲音乐，有贝多芬；讲文学，有歌德；自然科学也大有人在。可我1981年去德国访问时，我的老师，86岁了，是世界上搞梵文的权威之一，他送我几本书是用英文写的。要不是亲眼见，我是绝对不信的。这意思是德国人也承认今日英文的力量。用德文写，非洲去不了，印度也进不去，用英语写，就能走遍世界。希望同志们多学一点外语，最好学英语，这样写文章容易一些。

第七，知识面。搞文学，知识面非广不行。历史、地理、文化、社会、经济，你研究的国家的这些方面，都要知道。这我就不多讲了。

第八，要懂得科技。我们的同志最好学一学数学，要能使用电子计算机，现在这问题已提到日程上来了。我年纪大了，再学就困难了，也没有这个雄心壮志。但青年人应学点数学。一次北大开德国文学讨论会，一位同志带来一本文艺批评的书，很厚一本，里面全是数学公式。韩素音跟我讲："现在中国搞文学的，非用电子计算机不可。"在美国，电子计算机是家常便饭，人手一个，很方便。在内蒙古，《元朝秘史》蒙文本的词汇，已整本输入电子计算机内，现在他们研究《元朝秘史》蒙文本的语法等，就非常简单。而我们，查资料，卡片就一大堆。用电子计算机，一按，五分钟就全出来了。二次大战后，世界的形势飞跃发展，自然科学、社会科学飞速发展，我们中国落后了。新中国建国初期，我们的经济比日本要好得多，当时日本全垮了，现在怎么样呢？我1946年离开德国，那时那个国家全完了；前几年我又去，变化大极了，看起来那是了不起的。我们落后了，现在中央有这精神，要翻两番，这是很正确的。我们搞外国文学研究，首先应该认识到：你要是跟不上形势，就落后，落后就会挨打。我们要赶上去。希望青年同志要抓紧时间，不要光想着自己小家庭的现代化。我的家很简陋，当然我不反对在可能的情况下，把家庭搞得好一点，过得舒服些，但不要今天搞个三大件，明天又打个沙发，这样不行。有人说"时间就是金钱"，我说"时间就是生命"。别看我比你们中的一些人大50岁，可50年也是一晃就到。现在不努力，将来就后悔，这就是"少壮不努力，老大徒伤悲"。我现在就有点伤悲，小时候不如现在努力，现在比较努力，但毕竟老了。同志们一定要珍惜时间，最好在房里挂个牌，写上"闲谈不过五分钟"。

今天讲了许多，对象是青年同志，我就倚老卖老，有过头的话，请原谅，并请批评指正。

1984年5月7日

附注：

上面这些想法，是我多少年来根据自己的观察而形成的，曾在不同的学校讲过多次，但是始终没有写成文字。这次在上海外院讲，也没有稿子，连详细提纲也没有。上面的记录稿是根据我的原话录音写成的。它基本上保留了我的原话。但是我的原话措词不够细致，逻辑性也不那么强。想要改写，我目前没有那个时间。只好就这样披头散发地送到读者面前。请读者同志们只理解讲话的基本内容，认为有可取之处的，则取之；认为无可取之处的，则弃之；认为荒谬的，则批评之。这就是我的愿望。

1984 年 6 月 6 日

我和外国文学

要想谈我和外国文学,简直像"一部十七史,不知从何处谈起"。

我从小学时期起开始学习英文,年龄大概只有十岁吧。当时我还不大懂什么是文学,只朦朦胧胧地觉得外国文很好玩而已。记得当时学英文是课余的,时间是在晚上。现在留在我的记忆里的只是在夜课后,在黑暗中,走过一片种满了芍药花的花畦,紫色的芍药花同绿色的叶子化成了一个颜色,清香似乎扑入鼻官。从那以后,在几十年的漫长的岁月中,学习英文总同美丽的芍药花联在一起,成为美丽的回忆。

到了初中,英文继续学习。学校环境异常优美,紧靠大明湖,一条清溪流经校舍。到了夏天,杨柳参天,蝉声满园。后面又是百亩苇绿,十里荷香,简直是人间仙境。我们的英文教员水平很高,我们写的作文,他很少改动,而是一笔勾销,自己重写一遍。用力之勤,可以想见。从那以后,我学习英文又同美丽的校园和一位古怪的老师联在一起,也算是美丽的回忆吧。

到了高中,自己已经十五六岁了,仍然继续学英文,又开始学了点德文。到了此时,才开始对外国文学发生兴趣。但是这个启发不是来自英文教员,而是来自国文教员。高中前两年,我上的是山东大学附设高中。国文教员王崑玉先生是桐城派古文作家,自己有文集。后来到山东大学做了讲师。我们学生写作文，当然都用文言文，而且尽量模仿桐城派的调子。不知怎么一来，我的作文竟受到他的垂青。什么"亦简劲，亦畅达"之类的评语常常见到，这对于我是极大的鼓励。高中最后一年，我上的是山东济南省立高中。经过了五卅惨案，学校地址变了，空气也变了，国文老师换成了董秋芳（冬芬）、夏莱蒂、胡也频等等，都是有名的作家。胡也频先生只教了几个月，就被国民党通缉，逃到上海，不久就壮烈牺牲。以后是董秋芳先生教我们。他是北大英文系毕业，曾翻译过一本短篇小说集《争自由的波浪》，鲁迅写了序言。他同鲁迅通过信，通信全文都收在《鲁迅全集》中。他虽然教国文，却是外国文学出身，在教学中自然会讲到外国文学的。我此时写作文都改用白话，不知怎么一来，我的作文又受到董老师的垂青。他对我大加赞誉，在一次作文的评语中，他写道，我同另一个同级王峻岭（后来入北大数学系）是全班、全校之冠。这对一个十七八岁的青年来说，更是极大的鼓励。从那以后，虽然我思想还有过波动，也只能算是小插曲。我学习文学，其中当然也有外国文学的决心，就算是确定下来了。

在这时期，我曾从日本东京丸善书店订购过几本外国文学的书。其中一本是英国作者吉卜林的短篇小说。我曾着手翻译过其中的一篇，似乎没有译完。当时一本洋书值几块大洋，够我一个月的饭钱。我节衣缩食，存下几块钱，写信到日本去订书，书到了，又要跋涉十几里路到商埠去"代金引换"。看到新书，有如贾宝玉得到通灵宝玉，心中的愉快，无法形容。总之，我的兴趣已经确定，这也就确定了我以后学习和研究的方向。

考上清华以后，在选择系科的时候，不知是由于什么原因，我曾经一阵心血来潮，想改学数学或者经济。要知道我高中读的是文科，几乎没有学过数学。入学考试数学分数不到十分。这样的成绩想学数学岂非滑天下之大稽！愿望当然落空。一度冲动之后，我的心情立即平静下来：还是老老实实，安分守己，学外国文学吧。

清华大学西洋文学系，实际上是以英国文学为主，教授，不管是哪一国人，都用英语讲授。但是又有一个古怪的规定：学习英、德、法三种语言中任何一种，从一年级学到四年级，就叫什么语的专门化。德文和法文从字母学起，而大一的英文一上来就念J·奥斯丁的《傲慢与偏见》，可见英文的专门化同法文和德文的专门化，完全是不可同日而语的。四年的课程有文艺复兴文学、中世纪文学、现代长篇小说、莎士比亚、欧洲文学史、中西诗之比较、英国浪漫诗人、中古英文、文学批评等等。教大一英文的是叶公超，后来当了国民党的外交部长。教大二的是毕莲（Miss Bille），教现代长篇小说的是吴可读（英国人），教东西诗之比较的是吴宓，教中世纪文学的是吴可读，教文艺复兴文学的是温特（Winter），教欧洲文学史的是翟孟生（Jameson），教法文的是Holland小姐，教德文的是杨丙辰、艾克（Ecke）、石坦安（Von den Steinen）。这些外国教授的水平都不怎么样，看来都不是正途出身，有点野狐谈禅的味道。费了四年的时间，收获甚微。我还选了一些其他的课，像朱光潜的文艺心理学，陈寅恪的佛经翻译文学，朱自清的陶渊明诗等等，也曾旁听过郑振铎和谢冰心的课。这些课程水平都高，至今让我忆念难忘的还是这一些课程，而不是上面提到的那一些"正课"。

从上面的选课中可以看出，我在清华大学四年，兴趣是相当广的，语言、文学、历史、宗教几乎都涉及到了。我是德文专门化的学生，从大一德文，一直念到大四德文，最后写论文还是用英文，题目是 The Early Poems of Hölderlin，指导教师是艾克。内容已经记不清楚，大概水平是不高的。在这期间，除了写作散文以外，我还翻译了德莱塞的《旧世纪还在新的时候》，屠格涅夫的《玫瑰是多么美丽，多么新鲜呵……》，史密斯（Smith）的《蔷薇》，杰克逊（H.Jackson）的《代替一篇春歌》，马奎斯（D.Marquis）的《守财奴自传序》，索洛古勃（Sologub）的一些作品，荷尔德林的一些诗，其中《玫瑰是多么美丽，多么新鲜呵……》《代替一篇春歌》《蔷薇》等几篇发表了，其余的大概都没有刊出，连稿子现在都没有了。

此时我的兴趣集中在西方的所谓"纯诗"上。但是也有分歧。纯诗主张废弃韵律，我则主张诗歌必须有韵律，否则叫任何什么名称都行，只是不必叫诗。泰戈尔是主张废除韵律的，他的道理并没有能说服我。我最喜欢的诗人是法国的魏尔兰、马拉梅和比利时的维尔哈伦等。魏尔兰主张：首先是音乐，其次是明朗与朦胧相结合。这符合我的口味。但是我反对现在的所谓"朦胧诗"。我总怀疑这是"英雄欺人"，以艰深文浅陋。文学艺术都必须要人了解，如果只有作者一个人了解（其实他自己也不见得就了解），那何必要文学艺术呢？此外，我还喜欢英国的所谓"形而上学诗"。在中国，我喜欢的是六朝骈文，唐代的李义山、李贺，宋代的姜白石、吴文英，都是唯美的，讲求词藻华丽的。这个嗜好至今仍在。

在这四年期间，我同吴雨僧（宓）先生接触比较多。他主编天津《大公报》的一个副刊，我有时候写点书评之类的文章给他发表。我曾到燕京大学夜访郑振铎先生，同叶公超先生也有接触，他教我们英文，喜欢英国散文，正投我所好。我写散文，也翻译散文。曾有一篇《年》发表在与叶有关的《学文》上，受到他的鼓励，也碰过他的钉子。我常常同几个同班访问雨僧先生的藤影荷声之馆。有名的水木清华之匾就挂在工字厅后面。我也曾在月夜绕过工字厅走到学校西部的荷塘小径上散步，亲自领略朱自清先生《荷塘月色》描绘的那种如梦如幻的仙境。

我在清华时就已开始对梵文发生兴趣。旁听陈寅恪先生的佛经翻译文学更加深了我的兴趣。但由于当时没有人教梵文，所以空有这个愿望而不能实现。1935年深秋，我到了德国哥廷根，才开始从瓦尔德施密特（Waldschmidt）教授学习梵文和巴利文。后又从西克（E.Sieg）教授学习吠陀和吐火罗文。梵文文学作品只在授课时作为语言教材来学习。二次世界大战爆发，瓦尔德施密特被征从军，西克以耄耋之年出来代他授课。这位年老的老师亲切和蔼，恨不能把自己的一切学问和盘托出来，交给我这个异域的青年。他先后教了我吠陀、《大疏》，吐火罗语。在文学方面，他教了我比较困难的檀丁的《十王子传》。这一部用艺术诗写成的小说实在非常古怪。开头一个复合词长达三行，把一个需要一章来描写的场面细致地描绘出来了。我回国以后之所以翻译《十王子传》，基因就是这样形成的。当时我主要是研究混合梵文，没有余暇来搞梵文文学，好像是也没有兴趣。在德国十年，没有翻译过一篇梵文文学著作，也没有写过一篇论梵文文学的文章。现在回想起来，也似乎从来没有想到要研究梵文文学。我的兴趣完完全全转移到语言方面，转移到吐火罗文方面去了。

1946年回国，我到北大来工作。我兴趣最大、用力最勤的佛教梵文和吐火罗文的研究，由于缺少起码的资料，已无法进行。我当时有一句口号，叫做："有多大碗，吃多少饭。"意思是说，国内有什么资料，我就做什么研究工作。巧妇难为无米之炊。不管我多么不甘心，也只能这样了。我就是在这种情况下来翻译文学作品的。解放初期，我翻译了德国女小说家安娜·西格斯的短篇小说。西格斯的小说，我非常喜欢。她以女性特有的异常细致的笔触，描绘反法西斯的斗争，实在是优秀的短篇小说家。以后我又翻译了迦梨陀娑的《沙恭达罗》和《优哩婆湿》，翻译了《五卷书》和一些零零碎碎的《佛本生故事》等。直至此时，我还并没有立志专门研究外国文学。我用力最勤的还是中印文化关系史和印度佛教史。我努力看书，积累资料。50年代，我曾想写一部《唐代中印关系史》，提纲都已写成，可惜因循未果。"十年浩劫"中，资料被抄，丢了一些，还留下了一些，我已兴趣索然了。在浩劫之后，我自忖已被打倒在地，命运是永世不得翻身。但我又不甘心无所事事，白白浪费人民的小米，想找一件能占住自己的身心而又能旷日持久的翻译工作，从来也没想到出版问题。我选择的结果就是印度大史诗《罗摩衍那》。大概从1973年开始，在看门房、守电话之余，着手翻译。我一定要译文押韵。但有时候找一个适当的韵脚又异常困难，我就坐在门房里，看着外面来来往往的人，大半都不认识，只见眼前人影历乱，我脑筋里却想的是韵脚。下班时要走四十分钟才能到家，路上我仍搜索枯肠，寻求韵脚，以此自乐，实不足为外人道也。

上面我谈了六十年来我和外国文学打交道的经过。原来不知从何处谈起，可是一谈，竟然也谈出了不少的东西。记得什么人说过，只要塞给你一支笔，几张纸，出上一个题目，你必然能写出东西来。我现在竟成了佐证。可是要说写得好,那可就不见得了。

究竟怎样评价我这六十年中对外国文学的兴趣和所表现出来的成绩呢?我现在谈一谈别人的评价。1980年,我访问联邦德国,同分别了将近四十年的老师瓦尔德施密特教授会面,心中的喜悦之情可以想见。那时期,我翻译的《罗摩衍那》才出了一本。我就带了去送给老师。我万没有想到,他板起脸来,很严肃地说:"我们是搞佛教研究的,你怎么弄起这个来了!"我了解老师的心情,他是希望我在佛教研究方面能多做出些成绩。但是他哪里能了解我的处境呢?我一无情报,二无资料,我是不得已而为之的。只是到了最近五六年,我两次访问联邦德国,两次访问日本,同外国的渠道逐渐打通,同外国同行通信、互赠著作,才有了一些条件,从事我那有关原始佛教语言的研究,然而人已垂垂老矣。

前几天,我刚从日本回来。在东京时,以东京大学名誉教授中村元博士为首的一些日本学者为我布置了一次演讲会。我讲的题目是《和平和文化》。在致开幕词时,中村元把我送给他的八大本汉译《罗摩衍那》提到会上,向大家展示。他大肆吹嘘了一通,说什么世界名著《罗摩衍那》外文译本完整的,在过去一百多年内只有英文,汉文译本是第二个全译本,有重要意义。日本、美国、苏联等国都有人在翻译,汉译本对日本译本会有极大的鼓励作用和参考作用。

中村元教授同瓦尔德施密特教授的评价完全相反。但是我决不由于瓦尔德施密特的评价而沮丧,也决不由于中村元的评价而发昏。我认识到翻译这本书的价值,也认识到自己工作的不足。由于别的研究工作过多,今后这样大规模的翻译工作大

1986年5月21日,季羡林访日期间,到周恩来总理纪念碑前献花。

1986年季羡林访日期间,在"日本东洋思想学术讲演会"上发表《和平和文化》的主题演讲。

概不会再干了。难道我和外国文学的缘分就从此终结了吗？决不是的。我目前考虑的有两件工作：一是翻译一点《梨俱吠陀》的抒情诗，这方面的介绍还很不够。二是读一点古代印度文艺理论的书。我深知外国文学在我们国家精神文明建设中的重要性，也深知我们研究的深度和广度都有待于大大地提高。不管我其他工作多么多，我的兴趣多么杂，我决不会离开外国文学这一块阵地的，永远也不会离开。

1986 年 5 月 31 日

呼唤有中国特色的美学和文艺批评

对于美学和文艺批评我只有一知半解的水平。但是，正如我们时常看到的那样，越是半瓶醋越容易有意见——而且我必须在这里补充几句，这些意见往往是正确的，是专家们视而不见的——我也属于这一类人。我总认为，美学这玩意儿是一种舶来品，是西方学者创立的。它的基础是西方人特有的纯分析的思维模式。对什么事物都是分析，分析，再分析，不知道伊于胡底。欧风东渐，中国学人接受了这一门新学科，长期以来，作出了巨大的成绩；而且，由于观点不同还分成了一些派别，各是其是，纷争不休。文艺批评是与美学有紧密联系的学科。这两个学科的内容，中国古代都有过，不过只有其实，而无其名。有名有实是受了西方的影响以后的事情。受到了西方影响以后，连西方的分析方法也学了过来。有时候我甚至感到，我们的学习大有出蓝的势头。分析细入毫发，新名词层见叠出。对我这样一个思想质直的人来说，我只感到"玄之又玄，众妙无门"，好多名词都在似懂非懂之间，颇以为苦。

我们中国过去的文艺批评不是这样子的。我最近读了一篇文章：张福勋《拟物品评风格》(《文史知识》2001年6月号，P95—99)。是一篇很见有地的好文章。为了把原文介绍准确，我想先抄一段原文，再抄几个例证。原文第一段是：

哲学将形而下的事物抽象成形而上的事理，而诗却将抽象的形而上的事理还原为形而下的具体物象。诗的风格特色"神而不知，知而难状"（司空图《诗赋》），属形而上的事理。为了将这抽象、玄奥、难以捉摸的风格特色，让读者能够真切领会，易（原作"宜"，今酌改——美林注）于把握，诗论家们往往通过拟物、描状的办法，将风格形而上的抽象事理还原为形而下的具体物象，活生生地呈现在读者面前，从而给人留下难以忘怀的印象。这就是《艺概·诗概》所说的"山之精神写不出，以云霞写之；春之精神写不出，以草树写之"的道理。

在下面，作者提到了几种著作和大量的例证。这些东西对研究这个问题的学者都是非常有用的。他首先讲到钟嵘的《诗品》，并引用了其中的一些例句。这些例句大都是学人们所熟悉的。除《诗品》外，作者还引用了其他一些专著和单篇的文章，都是很有用的资料，我不再抄录，请读者自行参阅。

只有一篇文章，这就是唐皇甫湜的《谕业》，极少被人引用，而文中的例句最能准确而生动地说明作者所谓的"拟物品评"的内容。我想不避文抄公之嫌加以抄录，以省读者翻检之劳。我先在这里补充几句。作者的"拟物品评"似乎只限于文学作品，其实中国古代月旦书法也采用这种办法，最著名的是对王羲之的书法的品评："龙跃天门，虎卧凤阙。"下面是皇甫湜的文章：

燕公（张说）之文，如梗木枝干，缔构大厦，上栋下宇，孕育气象；可以变阴阳，阅寒暑，坐天子而朝群后。许公（苏颋）之文，如应钟蕤鼓，笙簧錞磬，崇牙树羽，考以宫县；可以奉神明，享宗庙。李北海（李邕）之文，如赤羽玄甲，延亘平野，如云如风，有貙有虎，阗然鼓之，吁可畏也。贾常侍（贾至）之文，如高冠华簪，曳裾鸣玉，立于廊庙，非法不言，可以望为羽仪，资以道义。李员外（李华）之文，则如金舆玉辇，雕龙采凤，外虽丹青可掬，内亦体骨不凡。独孤（及）尚书之文，如危峰绝壁，穿倚霄汉，长松怪石，倾倒溪壑；然而略无和畅，雅德者避之。杨崖州（杨炎）之文，如长桥新构，铁骑夜渡，雄震威厉，动心骇目；然而鼓作多容，君子所慎。权文公（权德舆）之文，如朱门大第，而气势宏敞，廊庑廪厩，户牖悉周；然而不能有新规胜概，令人竦观。韩吏部（韩愈）之文，如长江秋注，千里一道，冲飙激浪，瀚流不滞；然而施于灌溉，或爽于用。李襄阳（李翱）之文，如燕市夜鸿，华亭晓鹤，嘹唳亦足惊听；然而才力偕鲜，悠然高远。故友沈谏议（沈亚之？）之文，则隼击鹰扬，灭没空碧，崇兰繁荣，曜英扬蕤，虽迅举秀擢，而能沛艾绝景。其它握珠玑、奋组绣者，不可一二而纪矣。

我认为，这才是有中国特色的文艺批评。这就是张福勋先生所谓的"拟物品评"法，西方是没有的。在西方，如果一个文艺批评家品评一个作家的文章，他一定会完全不自觉地为西方特有的分析的思维模式所驱使，把文章拆散开来加以品评分析，什么一二三四，又是什么ABCD，还不知使用多少新旧名词，令人眼花缭乱，然后得出结论，大功告成。读者对品评的文章能不能够得到一个生动、具体、完整的印象呢？我想是很难的。正相反，中国的文艺批评能够给读者以生动、具体、完整的印象。上面引用的皇甫湜的文章可以作证。中国这种拟物品评的做法，我认为是以中国或东方特有的综合的思维模式为基础的，这正是西方分析思维模式的对立面。但我并不是说，西方只有分析，而中国只有综合。分析中有点综合，综合有点分析，这是正常的现象。绝对纯粹的分析，或绝对纯粹的综合，都是难以想象的。

张福勋先生用"形而上的事理"和"形而下的事物"的学说来解释文艺批评的问题，陈义甚高，以我庸陋，实不敢赞一辞。但那充其量也只能解决中国文艺批评的问题，而西方不与焉。我个人的解释是包括中西两方面的。对于我的说法，我个人是自我感觉良好的。至于真正专家的看法，我说不清楚，但愿也是如此。

我呼唤有中国特色的美学和文艺批评。

必须加强对东方文学的研究

——《东方文学简史》代序

"东方文学"的来历和含义是什么？对这个问题不考虑，就觉得没有什么；如果仔细一想，就感到有研究的必要。一千多年来，我国总是把印度当作西方。唐代高僧玄奘从凉州出玉门关赴天竺，我们一直把这叫做"西天取经"，而现在印度则是东方的主要国家之一。梁漱溟曾经写过一本《东西文化及其哲学》，书中的西方也是指印度而言。鲁迅在1907年写的《摩罗诗力说》中，对欧亚文学都有介绍，特别是对印度古代文学评价很高。他指出："天竺古有《韦陀》四种，瑰丽幽敻，称世界大文；其《摩诃波罗多》暨《罗摩衍那》二赋，亦至美妙。厥后有诗人如加黎陀萨（Kalidasa）者出，以传奇鸣世，间染抒情之篇。"但鲁迅也没有提出东方文学这个名称。事实上，我们现在所使用的"东方"这个名称，常常是在单纯的地理概念中加入了政治的内容，即指过去的殖民地、半殖民地等被压迫民族。早在19世纪中叶，无产阶级革命导师马克思和恩格斯在《共产党宣言》中，在论述到西方资本主义制度确立后的世界政治格局时，就指出："使东方从属于西方。"列宁多次使用的"东方民族"的概念，也是指被压迫的民族而言。解放以来，我们常常把现在所说的第三世界，都称为东方。文学是不能脱离政治的，但我们使用的"东方文学"这个名称主要是一个地理概念，是亚洲和非洲文学的总称。例如，日本不属于第三世界，是西方国家集团，但其文学仍属于"东方文学"的范畴。由此可见，"东方文学"的含义既单纯，又广泛，它说明了东方文学本身构成的复杂性。

在西方国家中，东方文学是不大受重视的，因为他们奉行的是"欧洲中心主义"。这种错误观点对我们也有很大影响。在我国，已经把东方文学列入高等师范院校外国文学教学大纲，这很好。但是，直到今天，我们有些同志，甚至在学术界有影响的同志，对东方文学的评价仍然不足。有个别同志，脑子里总看不起东方文学。西方国家奉行的欧洲中心主义，既表现在历史研究中，也表现在文学研究中。在他们看来，好像什么都是西方第一，东方则什么都不行。我们既不同意欧洲中心主义的观点，也不同意什么都是中国第一的说法。这些，都不是实事求是的科学态度。其实，西方人对东方的看法，也是有变化的。印度过去没有自己写的历史，是英国人写的。18、19世纪的英国人写印度历史时，还是比较实事求是的。如对1857年印度民族大起义的原因的分析和评价，还是比较客观的。因为那时资本主义还处在上升时期，故在一定程度上尚能重视历史事实。但在进入帝国主义阶段之后，英国人写的印度历史则不同了，对印度极尽诬蔑、歪曲之能事，造谣、说谎，无所不用其极，把印度说得一无是处。在他们笔下，印度简直是一个极其野蛮而落后的国家，这完全是颠倒事实。

在西方作家中，有的对东方文学的评价还是比较公允的，如德国的歌德就是一个代表。歌德看了一本法译本的中国小说《风月好逑传》之后，准备据此写一部长诗。他说：他读了这部传奇后，感到"中国人在思想、行为和情感方面几乎和我们一样，使我们很快就感到他们是我们的同类人，只是在他们那里一切都比我们这里更明朗，更纯洁，也更合乎道德"。他在回答"这部中国传奇在中国算不算最好的作品"的问题时，指出："绝对不是，中国人有成千上万这类作品，而且在我们的远祖还生活在野森林的时代就有这类作品了。"（《歌德谈话录》，人民文学出版社1978年版，第111—113页）对于歌德的意见，我们不能完全同意。因为他对一本在中国并不入流的小说，评价太高了。歌德对印度迦梨陀娑的名剧《沙恭达罗》的评价也是很高的。

我们中国人讲的东方文学，不包括我们中国文学在内。但从世界文学的角度来看，应该包括中国文学。因此，我们对东方文学作出总的评价时，一定要把中国文学的成就包括在内，否则就不可能对东方文学作出正确的评价。

在评价东方文学时，我们坚决反对欧洲中心主义以及受其影响的资产阶级学者的错误观点，但是也不能说东方什么事都是世界第一。国家不论大小，都有自己的优点和缺点，都有自己的创造和不足，都会对人类作出或大或小的贡献，也都要向别的国家和民族学习。这就是历史唯物主义的观点，实事求是的观点。例如鲁迅的《狂人日记》、茅盾的《子夜》和巴金的《家》，日本岛崎藤村的《破戒》等，从形式上说都不是中国或日本的古典文学的继续，而是向西方（包括俄国）文学学习而得来的。但这种学习不是生搬硬套，而是具有新的、伟大的创造。例如鲁迅的《野草》和屠格涅夫的《爱之路——散文诗集》都是散文诗，形式相近。但鲁迅的《野草》比之屠格涅夫的《散文诗集》，不仅思想境界要高，而且艺术性也强多了。比如《散文诗集》中的《会见》《我怜悯……》《当我一个人的时候》等

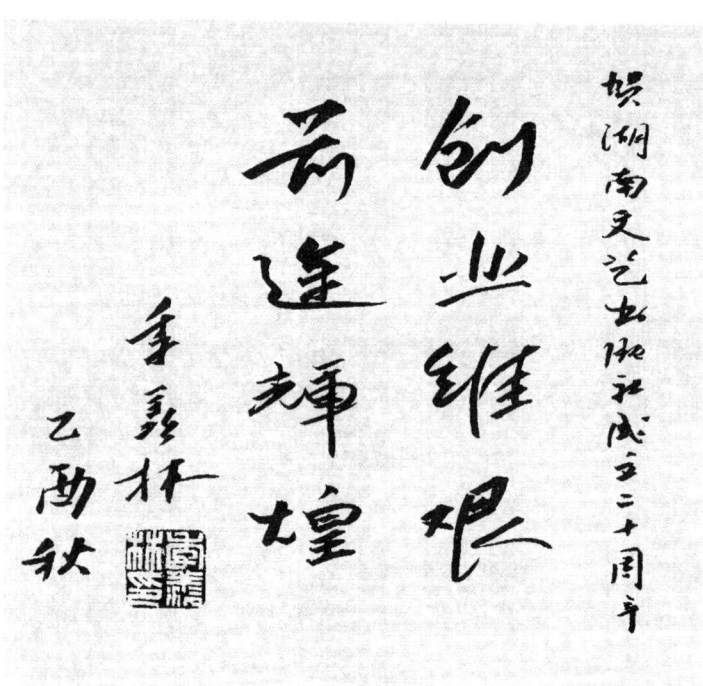

季羡林指出"欧洲中心主义"的错误观点对东方文学的研究与评价有很大影响,致使"有个别同志,脑子里总看不起东方文学"。因此,对于东方文学研究的发展,他提出"创业维艰,前途辉煌"。

诗,最后都写到坟墓,好像没有任何出路。而鲁迅的《过客》中,老翁虽向过客指示前面是坟,而小女孩却向过客指出前面还有许许多多的野百合花和野蔷薇花。再如泰戈尔的短篇小说,从形式上看也受到欧洲文学,特别是英、法文学的影响,但又有杰出的创新。泰戈尔创造了一种比较新颖的体裁:把抒情诗与短篇小说结合起来。因此,他的短篇小说情节简短,篇幅不长,但容量很大,差不多都像诗那样优美动人,成为一种故事性不强而抒情气息很浓的散文诗似的新文体。他不是简单地学习欧洲文学,而是有自己的独特风格和浓郁的民族特色。这些都说明东方近现代文学确实受到西方文学的影响,但又具有自己悠久的历史传统、深厚的民族特点和伟大的创造。

欧洲文学也同样受到东方文学的巨大影响。伊索寓言,薄伽丘的《十日谈》,乔叟的《坎特伯雷故事集》,安徒生、格林的童话等,其中有一些故事同印度的《五卷书》相似。究竟谁受谁的影响,有两种不同的意见。我认为古希腊文学受印度文学影响的可能性更大一些。因为说伊索寓言影响了印度文学,其根据不足;而印度文学通过波斯、阿拉伯而影响古希腊文学,则有路线可循。不仅东方的文学对欧洲有影响,东方的哲学对欧洲也有影响。

从东方本身来看,各国的文学也是相互影响的。中古时期,东方形成三个文化圈:一是以中国为中心的文化圈;二是以印度为中心的文化圈;三是以阿拉伯为中心的文化圈。这几个文化圈之间,也是相互交流、相互影响的。

总之,在评价东西方文学时,都要实事求是,既不能说东方什么都是第一,也不能妄自菲薄,更不能容忍欧洲中心主义对东方文学的歪曲。

在我国，东方文学还是一门年轻的学科体系，是在解放后才开始建立起来的。要搞好国别文学的研究比较好办一点；搞东方文学的教学和研究，则范围太大了，不容易搞好。但只要有决心，还是可以做出成绩的。为发展我国东方文学研究事业而贡献我们的一生，这是值得的，也是光荣的。如何才能搞好东方文学？我提出以下几点意见供同志们参考：

第一，希望有志于从事东方文学工作的同志，在广泛了解和掌握东方各国文学概况的基础上，重点学习一个国家的文学，掌握这个国家的语言。平均使用力量，什么国家都搞一点，都不深入。只有在比较宽广的基础上，才有可能重点搞好一个国家文学的研究。这两者是相辅相成的。

第二，要加强对文艺理论的研究。我们有的同志研究水平老提不高，我看关键在于文艺理论水平不高。因此，加强马列主义理论和文艺理论的学习，十分重要。我指的文艺理论有四个部分：（一）要加强对马列主义和毛泽东文艺思想的学习，这是第一重要的工作。（二）学习西方的文艺理论。从古希腊到现在，西方已总结了一整套的文艺理论。要好好学习莱辛、歌德、席勒、菲尔丁、雨果、巴尔扎克、托尔斯泰和高尔基等大作家关于文学的论述，也要看一看卢卡契的文章。他们的意见我们不一定都接受，但多看看，很有好处。朱光潜先生编写的《西方美学史》是一部很好的著作，我们大家都要好好读一读。我在清华大学念书时，学的是西洋文学系，许多课程差不多都忘了，但听朱先生讲的西方美学史，至今没有忘记。（三）要学习中国的文艺理论。中国的文艺理论十分丰富，在世界文论中可以说是独树一帜。关于中国的文艺理论，可以读郭绍虞先生的《中国文学批评史》。近代学者王国维的《人间词话》（1908），也是一部值得参考的美学著作。但中国的古代文艺理论存在一个问题，就是不大容易说清楚。如常用的"神韵"等词，就不大好理解。如有的著作中对孟浩然诗作的评价是："自然浑成，而意境清迥，韵致流溢。"对韦应物的评价是："风格婉丽，立调流美。"对骆宾王的评价是："格高韵美，词华朗耀。"对张九龄的评价是："缠绵超旷，各有独至。""情致深婉，蕴藉自然。"这些古典用语，其意究竟何在？谁都难以说清楚。要译成现代的语文，用今天的用语加以解释，就难了。如果要译成外文，则更难了。这是需要我们研究工作者解决的一个重大难题。（四）要学习东方国家的文艺理论。有的东方国家的文艺理论，如印度的古代文艺，虽然十分丰富，也存在一个说不清楚的问题，同样需要用今天的用语去解释。

第三，要注意提高汉文的修养。有的同志写文章，别字连篇，病句很多。我劝青年同志们买本字典放在案头，随时查一查。我已经七十多岁了，也经常查字典，并不以此为丑。因为汉字太复杂了，要完全驾驭它，真不容易。

第四，希望研究东方文学时，要找出其内在的规律来。研究任何一门学科，都要找出它的规律性。研究东方文学，也是如此。作为一门独立的学科，必然有其内在的联系和规律可循。东方文学在我国还是一门年轻的学科，要掌握其规律还需要有一个探索的过程。如果我们的马列主义水平高一些，文艺理论修养深厚一些，只要我们肯钻研，勇于探索，是可以找出东方文学的共同规律的。只有找出它的规律，东方文学才能真正成为一门具有独立体系的新的学科。

1982年7、8月间，教育部在承德举办了全国高等学校东方文学教师讲习班，这在我国还是第一次。陶德臻等十位讲课的同志，把他们的讲稿重新整理，编成一本《东方文学简史》出版。我应他们之约，把在那次讲习班上所作的一次讲话，略加整理，作为代序，以表示我对东方文学研究和教学工作的支持。

1983年夏于北京

近代德国大诗人
薛德林早期诗的研究

在整个德国文学史上,只有两个诗人够得上称为伟大的:一个是几乎每个人都知道的歌德;一个是几乎没有人知道的薛德林(Hölderlin),但是无论哪一方面,他们俩中间都有显著的距离,所以在他们生时,虽然并不是不认识,歌德从没提到过薛德林;而薛德林在长期疯狂中也极顽固否认他知道谁是德国最伟大的诗人。歌德终于是近人的,在他死后的一世纪里,他的精神像中天的阳光,流注到德国,以至于世界的各方面,被人们神圣般地崇拜着,薛德林却被遗忘在一个暗黑的角落里,两者相比之下,是怎样一个惊人的对照呢?但是,正如高尔哥(Stefan George)所说,任何严密的箱子也锁不住薛德林的光芒,他终于被人们从角落里认出来,整理他的作品,发布关于他的文章,在极短的期间,他的精神就注入一大部分的人的心里,渐渐有取歌德而代之的趋势——时间终于调停了他们俩间的不合;歌德影响了过去的德国文化,薛德林却命定了要影响将来的。

在精神上,薛德林也正补了歌德的缺陷。歌德只代表了德国文化的一半,倘若没有薛德林,这一半将终归成了一半,但却出了薛德林,他们俩合起来把德国文化完成了。这话并不过分,也并不神奇。我们都知道,歌德是个多方面的人才。他最会生活,他能很锐敏地去观察近代生活,他是一个,正如亚诺德（Matchew Arnold）指出来说，自然主义者。但是，只是这些偏于现实方面的东西却不能使人们满足，在人们内心的极深处，还有一种到更高的，更深的，神秘的领域里去的倾向。只有这神秘的领域才能满足人类的最根本的要求。这种倾向一直到最近人们才渐渐觉察出来，于是人们找到了薛德林，薛德林就正是神秘诗人的代表。歌德的灵感的来源是现实生活，薛德林却把眼光放在渺茫的未来上，全人类无时无刻地不在盲目地向前走着，但眼前是烟雾，究竟要到什么地方去呢？在烟雾里薛德林却看出了那个人类正向着移动的神秘的目标，这目标就启发了他的灵感，他住在人的世界上，他自己是个人，但他却看到神秘的神的世界里去，这神的世界将成为人类的归宿，他一生的努力就在把现实世界同神秘世界，人同神，弄得更接近了，他是成功了，因为我们很可以看出来，人与神接近的程度是随了他在生命的路上的行程而随时增加的。

他的早期诗就表现了他这种努力的开始，在最初他觉得人与神之间有着不可思议的距离，神是高高在上的，人却受命运的支配，在痛苦里辗转着，在《命运歌》（Schicksalslied）里，他高唱道：

> 你们在高处的光辉里徘徊
> 踏着柔软的地，幸福的神们！
> 灿烂的灵风
> 轻轻地吹着你，
> 像女乐师的手指
> 触着琴弦。

不受命运的支配,像熟睡的
婴孩,你们活下去,
纯洁地保存在
清净的花蕊里的,
是你们的精神,
无尽的辉明;
你们的眼睛
静静地闪着
永恒的光辉。
但是我们却正相反,
我们得不到宁静;
说不定什么时候要消失,要颠踬,
这痛苦的群生
盲目地从一点钟
爬到另一点钟,
正像海水从一个浪头
被掷到另一个浪头,
前面永远摆着不可测的深渊。

人类不能走近神,走近天,命运对他们有着无上的威力,在薛德林的早年,命运的观念深深地苦恼着他,在他的诗里随时都可以找到命运(Schicksal)这个字:

呵!让我哭吧!——不,我要快活了!
有这样一个地方么,我们永不希望到的,

> 在哪里，人们赞美自己的命运？——
> 那边就是，在那里我可以再见到你。
>
> ——《给史维拉》

> 不！自己再不要为生与死所苦恼吧——
> 生与死一任命运的支配。
>
> ——《英雄》

在命运观念紧紧掴握之下，他甚至于觉到人类的渺小，因而又看不起，又恨起人类来了，他说："我再想不起一个比德国人更卑污的民族来了，你看到工人了，但不见人，你看到思想家了，但不见人，你看到教士，看到主人和奴隶，看到年青的和年老的了，但不见人。"

对自己他也是同样地觉得渺小，他不宽恕自己：

> 我恨我自己，它是一个讨厌的东西，
> 人类的心是这样地柔弱，这样的骄矜，
> 这样像"拖白亚"的小狗一样的驯顺，
> 又这样地恶毒！去吧，我恨我自己！
>
> ——《我恨我自己》

因了这对人类，对自己的憎恨，他愈觉得神是高不可仰的，在绝望里，他只有高唱着：

> 呵，你是美丽的，你这崇高的创造者！
>
> ——《英雄》

在他自己的内心里虽然有天堂的影子,他自己制造的天堂的影子,然而这悠远渺冥的天对薛德林也终于是悠远渺冥的东西,怎能满足一个有着火样的热情的活人的要求呢?终于在地球上,他找到了古希腊,他就把那些悠远渺冥的天的影子都寄托在这里。

希腊,温克尔曼(Winckelmann)指出来说是有着高贵的单纯同温静的宏伟(Edle Einfalt und Stille Grösse)的希腊,的确是一个奇迹,它在世界文化里放出万丈的光芒,使一切别的民族在这光芒里失色,只有这样一个地方才值得薛德林的向往,我们且看他对希腊天才是怎样地称赞呢:

为你欢呼;你这高高在上的人们,
你这伟大的自然的
初生子!
你从克鲁奴斯的厅堂里走出来
走上了新的神圣的创造
勇猛又坚毅。
——《希腊天才颂歌》

在希腊,他找到了美(Schönheit),找到了谐和(Harmonie),美是他的宗教,谐和是他的最高理想,但古希腊终究是古希腊,终究是过去的了,希腊离神的世界有多远,那只有上帝知道;但离薛德林却同神的世界一样远,也真地难怪,除非在梦里,有谁能走回古代去呢?他只有望希腊而兴叹了:"我像一个平足的鸭子站在现代的水里,想飞上希腊的天空,却不可能。"

好容易自己找到一个寄托幻影的地方，但这地方眼看着也同幻影本身一样地渺茫了，连这样一个地方也渺茫起来，神的世界还能想象吗？他一向就感觉到神与人间是有着极大的距离的，对他，现在这距离就似乎更大了，他悲哀了，在幻影的破灭下，在对人类的反感下，又混合上他天生的内倾的阴郁性，悲哀深深地啃着他的心：

　　人类，人类；你们的生命是什么样子呢，
　　你们的世界，充满了泪的世界，
　　这个舞台，没有忧愁的舞台，
　　能不能给你们愉快呢？
　　呵！只有萦绕在你们周围的影子
　　才是你们的愉快的源泉。

——《人类的生命》

这忧郁的调子笼罩着大部分的早期诗，但在他26岁的时候，在他整个的生命上有了一个大的转机，因了一种机缘的凑巧他认识了一个银行家的太太苏赛提（Sussette），在她身上，他发现了一切他认为最高的美德，发现了美的本身，谐合的本身，他不认为她是个人，她就是神，他一向连做梦也不敢希望能接触的神，现在竟然找到了，他是怎样地狂喜呢？他热烈地爱着她，不，崇拜着她，他写给一个朋友的信说："我现在是在一个新的世界里了，在世界上真地有这样一个生物，爱与崇高，贞静与生命，精神、灵魂与一切完美的外形都在这生物身上化成一个整个的浑一。"就这样，他在人世里发现了神，在活人身上发现了他一切最高的理想，从前他觉到的人与神间的不可思议的距离消泯了，人与神混合起来，这混合给了他伟大的灵感，他一眼便看到人类正向着移动的神秘的目标，从这时起一直到死，他高唱着伟大的充满了神秘的预言的诗歌，完成了人类最根本的要求。

后记：

薛德林是最近才给人们发现了的一个奇迹，但自从宫泰（Gunther）、荻尔泰（Dilthey）、高尔哥等人相继发表关于他的文字以后，他的彗星似的光芒立刻照澈人们的心，同歌德争德国最高文学的宝座。我们敢断言：将来的世界一定是薛德林的。在中国似乎还没曾有人论到他，我因了一个德国教授的介绍，读到他的诗，真的为他这种奇迹似的诗所震惊了，我曾在《清华周刊》上写过一篇关于他的文章，对他的生平、他的天才被发现的经过、他的诗都粗略地谈了谈，倘若有人读上面这篇东西，而感到一点点兴趣的时候，那篇文章也能给他一点更有益的帮助。

大概以后我还要写几篇关于他的文章，我这样说，并不是想去注册专利，或挂上薛德林专家的招牌，注册专利我没那样的兴趣，挂专家招牌我又哪里有那种勇气呢！我最大的希望也不过是，使中国不知道德国有薛德林这样一个人的人知道德国有过这样一个人罢了，倘若读者能比这得到更多的东西，那是读者自己的福分，我连梦想也不敢梦想的了。

1934 年 8 月 4 日

现代才被发见了的天才
——德意志诗人薛德林

I 一个湮没的天才，又渐渐被人发见了

——当你做梦的时候，你是上帝；
当你想的时候，你是乞丐。——

梦，多么飘忽的玩意儿呢？然而，唯其在梦里，诗人才能表现了真的"自我"，同时也表现了他感应到的普遍的生命，在这两种表现里，他触着了一个时代的人心的趣归，暗示着未来，拉丁语 Vates 这字，最初是预言者的意思，后来也应用到诗人上。于是，正像预言者被人迫害，被人误解一样，诗人也被人误解着——一直到一个时代代替了另一个时代，普遍地流在人们心里的生命力，爆发出来，成了具体的活动。

正像一个轻梦，不知从哪儿飞了来，蓦地闪光似的现了一现，又飞去了。我们的诗人也是同样的一个奇迹。他们飘飘地走了来，高唱出预言的歌声，又飘飘地去了。他们梦着，梦着，譬如薛德林说："当你做梦的时候，你是上帝；当你想的时候，你是乞丐。"然而诗人的梦，正如上帝，离开了连想都不去想的俗人够多么远呢？于是薛德林也正得了他应得的命运，在度过四十年漫漫的疯狂的长夜以后，没得到别人的了解，悄

悄地去了。

  我不是说，没得到别人的了解吗？真的，了解一个人，尤其是诗人，简直是缘分，而且有点近于神奇的缘分。（这里面并没有迷信的成分。）一个人的个性，我说，颇像"青霭入看无"的青霭。远处看，濛濛的一片青。这青，流散着，流散着，这里，那里。然而，近看，却没了青，也没了霭，只有一片空濛。这青霭是否还能再被你发现，就全在你个人了，因为它仍然是存在着的。薛德林的个性，真地比火焰还辉耀，同时比青霭还"无"。在他一生的朋友中，有大思想家黑格尔（Hegel），有哲学家施林（Schelling）。然而，真够上了解他的，只有释勒（Schiller）一个人。即如我们都承认是大诗人的歌德，对薛德林也就不怎样了解。而且还当面侮辱过他一次：事情是这样——在耶那的一天，薛德林去访释勒，一个人已先在。这人知道来的是薛德林，但薛德林却不知道他是谁。当薛德林同释勒谈话的当儿，那人拿起了桌上放着的薛德林的诗集，念了两句，摇了摇头，又恶意地瞪了薛德林一眼，忿忿地把书掷在桌子上了，始终沉默着。这人，薛德林后来知道，就是大诗人歌德。这，不能因为大诗人看不好他的诗就以为他的诗不好。这只证明了了解一个人的困难，甚至像歌德那样天才也免不了的。从这里我们也可以看出来，他俩正做着不同的梦。

  薛德林做的梦，是一个充满了奇迹的梦。他梦的不是中世纪，像其他诗人一样，他梦的是悠远的古代的希腊。在他生前，同他做同样的梦的，前面已经说过，是释勒，在他死后，我们在他死后第一年生的尼采（Nietzsche）身上找到。尼采，这充满了热情的尼采，像一个火山，像一个炸弹，你看他的劲够多足？同薛德林一样，他看到人们的渺小，愚昧，他愤怒了。于是他憧憬着古代的伟大的希腊，他提倡超人，他掷给世人那充满了神奇的《查拉图斯特拉如是说》(*Also Sprach Zarathustra*)，终于，（这也是在意料之内的），他被那些他称为 Heiterlinge 的迫害着，误解着，做着同薛德林一样的梦，去了。这样一个人把薛德林认为生平最爱的诗人，也是非常自然的事罢。

随了尼采的死去，薛德林也仿佛不再存在在世界上。在另一个意义上，人们正做着各种各样的梦。对他们，薛德林曾经存在过这事实，简直比蜃楼的轻梦还渺茫。正如高尔哥（Stefan George）所说："因为不能了解，这部神秘的预言的怪书，许久以来就被人们锁在箱子里。"（"Das sibyllinische Buch lag in den Truhen verschlossen weil niemand es lesen konnte."）但是，这箱子虽然锁了这怪书，却锁不住它的光芒。这光芒终于又射着了一个人——是荻尔泰（Wilhelm Dilthey）。在他身上，薛德林又得到了新的生命和意义，更重要的，得到了解。荻尔泰从心理学方面，用综合方法，研究文化的根本精神，从文化哲学里创造了精神科学。他也根据了他的学说去论到诗人，在批评史上还占了不小的地位。在他的一本书叫《经验与创造》(*Das Erlebnis und die Dichtung*) 里，他谈到了四个诗人——雷兴（Lessing）、歌德（Goethe）、诺瓦理斯（Novalis）和薛德林，他主要的主张是：大诗人之所以伟大，全在他能表现一种动作；生活的意义与内在的联络，要自己从动作里显示出来，每件创造的作品，都是具有独特个性的有机物。就在这种观点下，他重新估定了薛德林的价值。他说："在同伴里面，薛德林挺立着，像人类本性的更纯洁更谐和的高贵教养的化身。"（"Unter den Genossen stand Hoelderlin wie die Verkoerperung einer reineren, harmonischeren Bildung der menschlichen Persoenlichkeit.")然而，不幸得很，他见到的薛德林的作品并不全，在他死后，又有许多薛德林的手稿和书信继续着被发现。他的论列自然不能很周全；但是无论怎样，他能认清了从那严锁着的箱子里发出的光芒，把这部怪书取出来，又写了《预言的创造》（*Prophetische Schoepfung*）这样一个签条贴在上面，我们不能不佩服他的远见了，这些手稿和书信的发现，是何林葛拉斯（Hellingrath）和纪拔斯（Seebass）的努力，因为喜爱了他的诗，便着手去搜集，这自然是很偶然的事，但是，就因了这"偶然"，我们却能够多读了许多他的诗，我们是幸福的，他们俩对薛德林自然不能不了解，但了解也不深，他们的价值就在作品的发现的本身，因为每个天才的发现，第一步总是搜罗遗著和手稿，以后才能谈到其他，"每个开始，都是难的"，他们就担任了这艰难的开始，而且很令人满意地担任下来，我们怎能不感谢他们呢？

开始虽然是艰难的，但是终归是开始了，我们的希望却不能就此止住，我们希望能够有人利用这第一步工作去整个地了解他，这希望我们在高尔哥身上得到了实现，高尔哥——呵，高尔哥，你读过他的诗罢！美的心灵与绵密的音乐织成了一片朦胧的幻变的诗境，是有着怎样与薛德林相同的地方呢？在他的一本论文集《日与事》（*Tage und Taten*）里面特别有一栏叫做"赞辞"（Lobreden），在这里面，他有一篇短文——短，真的，短得有点儿可怜了，然而比洋洋数千言的大文章，并没少说了什么，开头他便惊醒似的说："经过了几乎一世纪，没有人曾注意过，或者注意过而也只被认为是过去的梦想者，忽然人们发现了，他是这民族伟大的先知——这事我们不能不承认是个奇迹了。"（"Uns heisst es ein greifbares Wunder wenn durch Menschenalter nicht beachtet oder nur als zarter Ertraeumer von Vergangenheiten ploetzlich der grosse Seher fuer sein Volk ins Licht tritt."）梦想者，薛德林的确是梦想者，因为他自己就曾说过："当你做梦的时候，你是上帝。"（说到这里，连高尔哥自己也一样。）但是，别人所谓的梦，与他们自己的梦，无论在哪一方面，都有很大的不同，在别人的梦里，我们找到了醒时不能满足而现在满足了的奇迹，他们的梦只是金色的船，给了他们灵感，给了他们幻象，给了他们一切，摇摆着，摇摆着，更上，更上，到上帝的座前。

止到高尔哥，对薛德林的了解可以说是到了具体的阶段，人，即便无论怎样沉在贸易的棕色的空气里，谁个没点子诗意？看了春花，看了秋月，也会"有动于中"的（虽然未必"必发于外"）。对诗人的了解，他们怎能自甘落后呢？然而，我说，他们却是信不得的，没有尼采、高尔哥，薛德林也便会永远地湮没起来，我们欣慰的是——无论误解的深渊怎样深，我们这天才怎样湮没在里面，他，一个 Ertraeumer，终于被其他的 Ertraeumer 从这深渊里曳了出来。

II 他的生平

他的一生，正如白云流过了空谷，充满了阒静与单调，但与白云又不一样，这生命是不缺少热情的，只能当它是一首诗，一首美的诗——

（1）幼年和大学时代

1770 年（与黑格尔同年）3 月 20 日生在劳奋（Laufen am

Neckar），父亲在本地做事。他长起来，正如 Hyperion 所说：
"像一条没有硬茎的葛蔓"（"Wie eine Rebe ohne Stab"），在极
小的时候，就是他母亲一个人担任他的教育，从她那里，他
只受到严格的束缚，并没受到一般人所受到的母爱，所以终其
一生，他只感到需要别人的爱抚，他永远渴望回到老家里，回
到姐妹的怀抱里去（Der Mutter Haus und liebender Geschwister
Umarmungen），这种渴望对他的个性、他的诗的创作，有极大
的影响，他的幼年，大半都消磨在 Nuertingen，这里，四周有
青青的山围着他，他在小河里戏着浪花，看远帆的消逝——这
些影子，在他以后的诗里，像《寂静的地方》（*Stille Ort*）、《少
年的林》（*Waeldern seiner Jugend*），都留下了痕迹，在私塾里，
受过了古典的教育，又到 Maulbronn 去习神学。在这里，他对
希腊的向往已经很明显了，诗也是这时候开始作的，美、爱和
热情润染了他的整个的心灵，1788 年入 Tuebingen 大学，他
找到了不少同志的诗人并且还同瑙于弗（Neuffer）、玛哥瑙
（Magenau）（玛哥瑙以后在本地还有相当的诗名）结了一个诗
社，这时候，他完全在克劳卜斯陶克（Klopstock）的影响下，
尤其受他的感伤主义的影响。

（2）在奥西安、维特和珰卡劳斯的影响下

克劳卜斯陶克的感伤主义的扩大，使他中了所谓奥西安病
（Ossiankrankheit）。他用游行歌者所歌唱的英雄们的事迹喂饱
了他的灵魂（Weider seine Seele an den Helden des Barden），他
对死去的美人（sterbende Maedchen），同书上的英雄们一般地
悲哀着，正在这时候，他又接触到释勒的动人的抒情诗和歌德
的《少年维特之烦恼》，于是他又把自己放在释勒和维特的影
响下，尤其是释勒的悲剧《珰卡劳斯》（*Don Carlos*）更感动了

他，1799年在他给释勒的一封信里，他写道："Don Carlos，自许久以来，就变成一片幻云，在这片云里，我被我幼年的神灵裹住了，我不至于太早地看到围绕着我的世界的渺小和野蛮。"（"Don Carlos, war lange Zeit die Zauberwolke, in die der gute Gott meiner Jugend mich huelte dass ich nicht zu früher das Kleinliche und Barbarische der Welt sah, die mich umgab."）我们细细地分起来，这三种对薛德林的影响——奥西安、维特和珰卡劳斯，在幽郁的情调上，在幽渺的思想上，实在有共同的地方，就在三者夹攻之下，造成了薛德林阴郁的内向的性格。

（3）希腊和哲学的研究

在薛德林的思想里，实在潜伏着一种轻微的哲学的神秘性和泛神论的倾向，他这种伦理的美学的热情，同希腊的根本精神也有许多相同的点，所以，在大学里的他，对希腊的研究仍然感到极大的兴趣，同时对哲学也热烈地爱好着，他沉潜在哲学，尤其是希腊的研究里，他的整个的心灵贯注在这研究上。在Tuebingen大学学业将修完的时候，他已经计划着写一篇关于希腊的长篇小说（griechischen Roman）——这就是后来出版的 *Hyperion*。

（4）释勒的影响加重，加新

正当希腊主义在他身上发酵的时候（1793年左右）他因别人介绍认识了释勒。在没认识以前，他已经读过了他的抒情诗，他的《珰卡劳斯》。在心灵上，可以说是早就认识了。也或者正因了这心灵上的认识，才促成了他们的个人的认识。但是，无论怎样，在憧憬上，在性格上，他们都有很相似的地方。这时候的释勒，也正在热烈地研究着希腊。以前他寄托在白姆森林（boehmische Waelder）和泛在的乌托邦

(Kosmopolitische Utopien)里的理想世界破灭了。但是他现在却在希腊的奥灵比山上找到了它。同时，他也接受了康德的学说。薛德林，由于释勒的介绍，当了 Frau Von Kalb 的家庭教师。他又从释勒转受了康德的影响，连教授方法也照了康德的原理。——就这样，他所受的释勒的影响加重了，同时也加入了新的成分。

（5）耶那和费希德的哲学

1795 年他辞去了 Kalb 的家庭教师，到耶那（Jena）去。因为这时释勒在耶那，想同释勒住在一处，可以说是此行的动机。但是最重的大概还是想去听大哲费希德（Fichte）的演讲——他称为 Der Titan 的费希德。这时释勒正主编 *Die neue Thalia* 和 *Die Horen*。他常有文章在上面发表，释勒关于美学问题的解决，大半都借助于费希德的学说。对薛德林以后的思想，费希德也有不少形成的力量。

（6）早期感伤病的征象

因了童年的教育，因了以后所接受的外来的影响——阴郁、感伤和内向便成了薛德林的主要性格，一向支配着他的是时时刻刻幻变的意念。轻轻地，一个意念浮起来了。于是，他追求，然而轻轻地，这意念又幻灭了，于是他失望。就在这种自己制造的烦闷的网中，他深地陷着。在耶那的时候——真的也难怪他，他接触到都是像费希德、释勒这样的巨人。虽然现在我们看起来，薛德林同他们是一样地"巨"。但是，可怜我们的诗人！在当时还没有伟大的自觉的时候，站在这山岳般的伟大人格前面，怎能不觉得自己的渺小呢？他一直自己苦恼着，为什么不能同释勒一样地伟大？再加上他天性的阴郁，这苦恼便一天一天加重起来，渗透了他的灵魂，差一些不曾压瘪了他。他渴望着再回到朋友和家庭的怀抱里去，去得一点暖意（Wieder einmal zu erwarmen bei seinen Freunden und seiner Familie）。他写给释勒信说："我冻住了，我僵木了，在这紧围着我的冬天里；天空是这样地铁冷，我又是这样地死硬！"（"Ich friere und starre in dem Winter, der mich umgibt, so eisern mein Himmel, so starr bin ich!"）可见他的精神是怎样颓丧了。

（7）在佛兰克府哲学的沉思

使他的精神稍稍恢复了，是佛兰克府（Frankfurt）的居停。由于他的大学同学辛克莱（Sinklair）的介绍，1796年他到了佛兰克府，就银行家龚达尔（J.F.Gontyard）的家庭教师。在这里，他努力钻研着费希德的哲学，同时也开始了自己关于哲学问题的沉思。

（8）薛德林和黑格尔

1797年正月，黑格尔也到佛兰克府去当家庭教师，在哲学上，我们虽然不确切知道薛德林怎样影响了黑格尔；但黑格尔影响了薛德林却是显然的——就在释勒和黑格尔之间，他把自己的哲学建立起来了。

（9）薛德林和Diotima

环境的舒适给了这时候的薛德林不少的新的力量和生气。然而（一个引导薛德林到毁灭的路上去的"然而"）他却陷到爱河里去——这爱，是他生平第一次也可以说是最末一次的真正的爱。谈到爱，他可以说完全是门外汉。在这以前，勉强算起来，只有两次，而这两次也很难算是什么爱，一次是，他对他一个朋友的亲戚的女儿发生过片面的恋慕，一次是，在Tuebingen，他曾爱过某教授的女儿，也只是他一方面的，并没有回响，但这都不过是青年人常见的现象，如一现的昙花，掠过他的心灵，虽然也曾给了他成串桃色的梦，然而这梦，经不起风吹雨打，一闪，只一闪，便消逝了，他仍然还是他，没有影响，也没有变化。在耶那的时候，他曾写给他的朋友瑙于弗说："除了在梦里，我大概没曾恋爱过。"（"Ich soll wahrscheinlich nie lieben als im Traum."）他又加添说："因为我有眼，我便永远不再恋爱了。"（"Seit ich Augen habe, lieb' ich gar nicht mehr."）这种梦里的恋爱的憧憬，就在 Hyperion 里作为 Melite 出现了——这 Melite，他描写，像一个爱神化身的女尼一般地柔美圣洁（hold und heilig wie eine Priesterin）。但是，说来也像个奇迹，这圣洁的只有梦里才能见到的 Melite——不，按照他的柏拉图主义，他叫她做 Diotima——他却在佛兰克府发见了，不是在梦里，是真的有血有肉的凡人，这就是他的学生的母亲，龚达尔的美妻，Sussette，站在主妇的地位上，她对薛德林自然保持着相当的敬意，但在薛德林方面，他竟在一个凡人身上，找到了他的理想的美，他简直不敢相信他自己的眼；然而，这终于又是事实。他是怎样地惊喜呢？但是，这凡人却又已经是不能为他占有的凡人，舍之不甘，明正言顺地去爱又不可能，他只好在心里偷偷地去恋着她。在这种偷恋里，他又是怎样地失望以至于痛苦呢？当歌德爱了他朋友 Kestner 的新妇的时候，他在《少年维特之烦恼》里藉了维特的信发泄了他的恋慕，同样，当薛德林对 Sussette 发生了单方面的热恋的时候，他也在他的长篇小说 Hyperion 里藉了 Hyperion 写给 Diotima 的一封信，表现了他的深情。同样是不应当爱的人，同样他们俩都去爱，又同样找出了这种自欺自慰的方法。但是薛德林却更进了一步，沉醉在自己酿造的爱情的酒浆里，1796 年的夏，在他写给他的朋友瑙于弗的一封信上，他说："我现在是在一个新的世界里,在另一方面,我可以相信,我知道美与善是什么。但是,我既然看到它们了,我只好对一切我的知觉发笑。亲爱的朋友!在世界上,真的有一个'生物'(Wesen),我的精神可以寄托在那里,多长时间也行。当面对着自然的时候,我又感觉到我们的思想和理解是真的幼稚呢。爱与崇高,柔静与生力,精神与感觉与外形,混合成了一个整一的人格,在这个'生物'里。——你知道,我是怎样一个人,我怎样被平凡所包围;你也知道,我怎样没有信仰生活过来,我的内心是怎样空虚,因而怎样颓废;我现在也可以像以前那样地活下去,快活如一只鹰,倘若不是这个,这一个(Dies Eine——指生物),出现在我面前,把我已经没了意义的生命加了生力,使它充实起来,鼓动了它,使它更崇高了,同她的春一般的辉光。"几个月以后,他又写道:"我周围是一个充满了愉快的世界——我又同以前一样地快活了。"就在这种狂欢,有点矛盾的情绪下,他窃爱着他的主妇,恋爱的心,正像微风里的游丝,袅袅地,若续,若断,消失了,又出现,终于捉点什么,黏在上面。然而,薛德林的游丝只捉住了空虚,空虚,但是,他仍然拼命赞美她,她变成了美的本体;她成了他的宗教。"她简直是一个希腊女人"——薛德林说。

(10) 阴郁性的加增

不用说,这种单方面的恋爱比一现的昙花还渺茫,还虚无,结果是一个最后的失望,一个大的打击,对薛德林,你想,我们这多愁善感的诗人能受得住吗?没了意义的生命仍旧没意义,仍旧空虚,以前没有信仰,可以活下去,现在却有点儿活不下去了,百思而不得出路,无已,只有工作,在极恶劣的情绪下,他终于完成了 *Hyperion* 的第一部,印行了,把自己所感到的藉了 Hyperion 写了出来。

（11）向诗的圆熟期奋斗和《安卜岛可拉的死》

在佛兰克府住了两年以后，他终于离开了龚达尔家，离开了他的 Diotima，走了，离开他的 Diotima 对他简直是无上的惩罚，从这里，我们也可以猜想他临走时的心情的苦恼和不得已。跟着来的是缠绵的疾病，再加上他故有的阴郁性，这病越发缠绵了。在辛克莱的看护下，他渐渐地有了起色，*Hyperion* 的第二部就在这时候完成的。他常说，哲学的研究，只给了他不安。他又说："哲学是被损害了的诗人的医院。"（"Hospital fuer verunglueckte Poeten."）现在，我们的诗人是真被损害了。他仿佛漂浮在大河的急流里，只有冲下去，冲下去。只有一条水草，他也想握住，休息一刻。现在这无尽藏的哲学的医院，正是他休息的好地方。虽然给他不安，也管不了那许多了。他的诗渐渐地走上圆熟的路，也是在这时候。在他开始写 *Hyperion* 的那一年，他就打算写一篇悲剧，叫做《苏格拉底之死》（*Der Tod des Sokrates*）。但是，后来不知为什么改成了《安卜岛可拉的死》（*Der Tod des Empedokles*）。这剧完全采用希腊悲剧的形式，没有浪漫的色彩。全剧充满了神秘的谐和——但终于也没写完。

（12）疯前

对 Susette 恋爱的失败，使他失去了生命的明星。哲学虽然给了他暂时的休息，怎能弥补他这海样般地深的创伤呢？朋友看他的精神一天比一天地坏起来，而且神经也仿佛有点错乱，便劝他到瑞士去修养，一方面充当 Hauptwill 某家的家庭教师，在这里，他的精神渐渐好起来。名诗如《盲歌者》（*Der blinde Saenger*）、《希望颂》（*An die Hoffnung*），都是这时作成的。1801年12月回故乡，计划出版诗集。失败了，乃就Bordeaux某家的家庭教师，次年的6月，Diotima死，（呵，天哪！这却怎么好？）这消息立刻传到薛德林那里。当年7月，他突然离开了Bordeaux，经过法国，到了Tuebingen，是步行的，我们的诗人疯了。

（13）漫漫的长夜

因为看护得法，精神又稍稍复常，但疯症仍然时作时辍。精神好的时候，他也常写诗，或翻译希腊的作品。1804年刊行Sophocles的*Antigone*和*Oedipus Rex*的德译本。同年又当了Hamburg Landgrave Frederick V of Hesse 的图书馆员，只是挂名领薪水，在朋友看顾之下，他便定居在Bordeaux。两年后，疯症忽然大发，1807年夏天移住Tuebingen。先住在养育院里；后来又移到一个木匠家里去住，就这样开始了三十多年的疯狂的漫漫的长长的夜：没有变化，也没有光明，一直到1843年6月7日，变化来了——我们的诗人在73年的小梦后，陷入永恒的不变的大梦里去。

Ⅲ　我对他的认识

正如一座活跃着的火山，充满了熔岩，在回荡，在爆展，只要有一个小到不能再小的裂隙，也便会奔涌出来；我们这充满了比熔岩还热的热情的诗人，也便把这热情，用了抒情的形式喷泄出来了。勃兰地斯（George Brandes）说："即便当作一个戏剧家，当作一个小说家看，薛德林也是个有十足天才的抒情诗人。"这，我们不能不承认是一句老实然而同时又真实的话。

过去有过比现在更好的人，更好的时候——不满意现在的人，而又不能把希望放在渺茫的将来的，大概总都有这样的想望罢，但是过去，并不比将来不渺茫的——高兴还要更渺茫的，过去，是怎样地不 definite 呢？就在同样的想望里，生出种种不同的变化，提克（Tieck）和诺瓦理斯（Novalis），因了这种想望，理想化了中世纪的生活，在幻想里，他们浮飞在中世纪的阴森宏伟的城堡上，从一个雉堞，到另一个雉堞，看见了满裹着铁甲的勇士，看见了在迷楼躲着的美人。从这里得到一切诗的源泉和灵感，有着同样浪漫气氛的薛德林，也给这幻想拖了走，走过了中世纪，只瞥了这城堡一眼，没停留，又走，又走，远，远，一直到了希腊——呵，这是怎样一个明朗的地方呢？我们的诗人满腔的热情，终于找到了喷泄的对象，他的想望也终于找到了目的地了。

希腊，温克尔曼（Winkelmann）称为是有着高贵的简单和温静的伟大的希腊，的确充满了神秘和魔力，一看到这两个字，立刻我们便仿佛看见了长着翅膀的天使们来来往往地在天空里飞着，阳光是金色的，又有金色的平原，连树木，不管冬天和夏天，也是金色的，水也是金色的，金色的：就这样组成了一幅金色的梦，轻轻地笼罩了我们诗人的心，他大声嚷着："我仿佛像一个平足的鸭子，站在'现代'的水里，努力，但是却无效地想飞到希腊的天空里去。"（"Wie die Gaense mit platten Fuessen im modernen Wasser stehe und unmaechtig zum griechischen Himmel emporfluegle."）真的，这金色的梦迷惑了他了。

迷惑了并不是偶然的，在这梦里，他发现了美的本体，他一向憧憬着连希望见都不敢希望的美的本体。美，是他的宗教；美，是他的最高的理想。它占有他的理智，倘若把它当作一个概念；它又占有了他的幻想，倘若把它当作一个象征，不像康德那样，他分不清这理智的世界和幻想的世界。这两个世界对他是一个浑融的整一。使它们浑融的整一的就是美，美对薛德林正像观念对柏拉图，是一切的来源，又是一切的归宿。在美里，他自己的生命也有着意义和价值。——这样一件再真实不过，再重要不过的东西，竟在这金色的梦里发见了，想叫他不迷惑不沉醉，能办得到吗？

也许正因了他愈迷惑，愈沉醉，他便愈对现代的一切，尤其是德国，感到憎恶。他说："我再找不到一个民族像德国人这样令人气短的了。你看见工人了，但不见人；你看见思想家了，但不见人；你看见教士了，但不见人；你看见主人和奴隶了，年轻的和年长的了，但不见人。"("Ich kann kein Volk mir denken, das zerrissener waere wie die Deutschen. Handwerker siehst du, aber keine Menschen, Denker, aber keine Menschen, Priester, aber keine menschen, Herrn und Knechte, Jungen und gesetzte Leute, aber keine Menschen.") 这对希腊的向往，对现代的憎恶，表面上看来虽然不一样，其实是一种东西，只是一种力的两方面的发展，然而它们都互为因果，而且互相影响着：向往的加强，固然可以增进憎恶；憎恶的加高也推进向往。就这样，这一个影响了那一个，那一个又影响回来，这一个又影响回去……推上去，推上去，没有止，也没有完。于是，表现在他整个的诗里的情绪，只是——向上，向上。

在这里，我们须要注意，因为倘若我们再更深地看进一层，我们可以发见，薛德林向往的希腊不是普通知识的希腊，只是（也就只"只是"）他理想化了的希腊，那么，他的向往（包括了憎恶）不是没意义了吗？正相反，却还有更深的意义在——

对诗人,现实往往是一个讨厌的东西,诗人梦想的是"美",是"全",但是在现实里哪能找得出"美",找得出"全"呢?于是诗人失望,于是诗人入梦(你还记得薛德林说的"当你做梦的时候,你是上帝"吧?)在梦里,阵阵金色的幻影,掠过诗人的眼,诗人眼花缭乱了,他随了这幻影飞,坐在金色的船里,飞,飞,飞过了闪熠着的星星的光,飞过了挂在蝙蝠翅膀上的黄昏,到辽远的,幽渺的,更辽远的,更幽渺的地方去。在这里他找到他要求的"美",他要求的"全",他要求的一切。薛德林歌道:

一切生物也都爱你,奋争着
不断地向上,向上,到你那里去。

(Darum lieben die Wesen dich auch und ringen und streben unaufhoerlich hinauf nach dir im freudigen Wachstum.)

到哪里去呢?到在梦里找到的地方去。这地方,提克和诺瓦理斯叫做中世纪,其实叫做希腊也行;薛德林叫做希腊,其实叫做中世纪也未尝不可,更"其实",两者都不叫也好,只叫做一个地方,一个说不出只能意会的地方,也就很够了。正如鸱鸮向月亮诉苦(见 Gray 诗),他们对这地方倾吐了一切,寄托了一切理想,希望和向往,同时也找到一切诗的灵感。这一切,这一切,完全是诗人在自己的心里作怪,因为中世纪不外是中世纪,希腊不外是希腊。两者都不外是人间,有"美"么?有"全"么?压根儿看不到,这中世纪,这希腊,这"美",

这"全",就都在诗人的幻梦里,在诗人的向往里。

是的,在诗人的向往里,然而没有这向往却不是真正的诗人,前面已经说过,诗人自己制造的梦,制造"美",制造"全",再捉住了,写出来,成了诗,是否成为真正的诗,也便看你这幻梦制造得怎样,看你向往到什么地方,歌德的诗:

哦,我假如有凌霄的健翮,
能飞去把太阳追随!
白昼在我面前,黑夜在我背后,
青天在我上面,大海在我下边。

(见郭译《浮士德》)

薛德林的诗:

你们趵突,快活地无羁地从坚固的根柢里向上趵突出来。仿佛巨鹜攫食似地你们握住用有力的臂腕,握住太空。直刺着流云的是你们洒满了阳光的顶枝,像一个王冠。

这奋飞,这趵突,只是没有目的地向上,向上,到天上去偷星的闪闪的光,去偷白云边上的虹;浑浑的一片诗的境界,在这境界里,没有了中世纪,也没有了希腊,只有"美",只有"全",只有诗人的心,向幽渺的更高的更高的地方向往迈进的心——

到这种境界,有这种心的,才是真正的诗人,因了这心,诗人才能化入幻虚里,化入渺漾里,同宇宙冥合了。才能从一片花里看出了天国,从一粒砂里看出了永恒。

1934 年

跋:

这是我 61 年前清华大学的学士论文,原名 The Early Poems of Hölderlin,是用英文写成的。因为我的导师艾克(Gustav von Ecke,字锷风)教授是德国人,不通华文。今天我又读到它,宛如古旧书中夹的一片红叶,光华已失,而红艳未褪,使我顿生恍如隔世之感。古今文人编定自己的文集时,往往有大刀阔斧加以砍伐者,雅不欲别人看到自己穿屁股帘时的作品,其劲头有如古代印度语法学家写梵文语法口诀时越短越好,能砍掉一个字母就好像是暮年得到能传宗接代的宝贝儿子那样。我窃以为不可。我自己的作品,只要能找到的,除了个别篇内容重复太甚者外,一律收入文集,不加删削。目的是让读者了解自己一生写作的过程和真相,决不以今日之我掩盖昨日之我。在这个思想指导下,对上面这一篇文章,只改动了几个非改不行的错别字,全篇一仍旧贯,连一些今天看起来有点古怪的措词也保留不动。

1995 年 1 月 7 日

本年度诺贝尔文学奖金之获得者 高尔斯华绥

（一）生平和著作

高尔斯华绥（John Galsworthy）于1867年8月14日生于英国苏雷（Surrey）之孔布（Coombe）。母亲名巴提利（Bartleet），系出沃台斯德省（Wortesteire）旧家。父亲在伦敦是有名的律师。幼年在哈楼（Harrow）读了五年书，颇致力运动，当过足球队长。1886年入牛津大学新学院，三年后毕业，获得法学学位。青年的高氏，并没有怎样过人的地方，最多不过是一个平常的好人，巴蕾（Barrie）在《罗撒林》（*Rosalind*）里面描写牛津大学学生的情形，就有高氏的缩影。1890年执业做律师，但是他对自己的职业，却感到极端的厌恶，因为家境还宽裕，不急需要挣钱来糊口；所以他便跑了出去，做了二年的长期旅行。关于这旅行他没写什么东西，在这里面，他也没有得到以后著作的材料，不过，因为是在国外，他能更清晰地观察了自己的国家，正如易卜生在意大利观察了挪威一样。在这期间，他自己发奋读着狄更司、屠格涅甫、莫泊三、法朗士的作品，这些人对他的影响是很大的。他第一次海行，遇着了康拉得（J.Conrad）。那时康还在多伦斯（Torens）船上服务，他俩同船自澳洲一直航行到南非，两人间产生了很深的友情。康以一篇小说的原稿给他看，他劝他继续写下去，康氏终以文学终身，而成了近代小说名家。

在 28 岁才开始文学的他，成为作家是很偶然的事。重要的原因，实在是出于他的未婚妻的督促，他自己说："一个在英国公立学校和大学出身的人，习于游乐旅行，经济不受压迫，而且又是一个没人问津的律师，他不会把文学看得很严重的，但是他可以写点东西给他的爱人看，于是我开始写。两年以内写了九篇小说，一切的缺点都有。"他最初的几篇小说全是用 John Sinjohn 的笔名发表的。1898 年发表长篇小说处女作《久斯伦》(Jocelyn)，1900 年发表《威拉·鲁滨》(Villa Rubein)，1904 年发表《岛国的法利赛人》(The Island Pharisees)，1906 年发表《有财产的人》(The Man of Property)，这是三部曲《否赛提家的家史》(Forsyte saga) 的第一部，以上全是长篇小说。自 1906 年到 1908 年，否赛提家沉寂了下来：高氏正忙着写戏剧和其他的小说。戏剧方面 1906 年发表处女作《银匣》(The Silver Box)，1907 年发表《快活》(Joy)，接着有 1909 年的《争斗》(Strife)，1910 年的《正义》(Justice)，1911 年的《轻梦》(The Little Dream)，1912 年的《鸽子》(The Pigeon) 和《长子》(The Eldest Son)，1914 年的《逃亡者》(The Fugitive) 和《暴徒》(The Mob)，1915 年的《一点爱》(A Bit of Love) 和 1917 年的《基本金》(The Foundations)。小说方面 1907 年发表《乡村的家室》(The Country House)，1909 年发表《友情》(Fraternity)，接着 1911 年有《贵族》(The Patrician)，1913 年有《暗花》(The Dark Flower)，1915 年有《弗利兰家的人们》(The Freelands)，1917 年有《在外》(Beyond)，总共十一个剧本和六篇长篇小说，此后又是否赛提家的复活。他自己说，"我并没有继续写否赛提家的意思，但是自 1918 年后，他们又自己活跃起来了"，于是，1920年发表《在法庭上》(The Chancery)，1921年发表《出租》(To Let)，加上1906年的《有财产的人》，再加上两篇间插的短篇小说——1917年的《印度夏天的否赛提家》(Indian Summer of A Forsyte)和1920年的《醒》(A Wakening)，一部系统的三部曲——《否提赛家的家史》，便于1922年出版了。我在这里还得补一句，1919年他还发表了《圣徒的历程》(Saint's Progress)，因为与这三部曲没关系，所以只好在这里添述，同时他又转到戏剧方面去。1920年发表《相鼠有皮》(The Skin Game)，1921年发表了《有家室的人》(A Family Man)和六篇短剧，1922年发表了《忠义》(Loyalties)和《窗户》(Windows)，1924年发表了《森林》(The Forest)和《老英国人》(Old English)。但是他对否赛提家总还有沾恋，于是又开始写他们的家史，1924年发表《白猴》(The White Monkey)，1926年发表《银匙》(The Silver Spoon)，1928年发表《天鹅之歌》(Swan Song)，再加两篇间插——《沉默的求婚》(Silent Wooing)和《过客》(Passerby)——一部新三部曲，在《现代喜剧》(A Modern Comedy)总名之下于1929年出版了。在这期间，仍然有戏剧发表：如1926年的《逃脱》(Escape)，1929年的《放逐》(Exiled)和《屋顶》(The Roof)，都是值得注意的。在戏剧和长篇小说出产的洪流里，他也不时写小品文，短篇小说和诗，不过为他的长篇小说和戏剧所掩，人们不大注意罢了。

1930年高氏赴美，一度退隐生活于亚利桑那(Arizona)，目的在创作一篇长篇小说，写的已经不是否赛提家的事情了。他说，"人不能无限制地粘滞在那种事情上，尤其是主人公已经被杀了以后"，"这小说写的是另一家的事情，是否也能成为一部家史，现在还不能够知道"。

他现在定居在苏赛斯（Sussex）地方的一个山下，与夫人及甥同居。他喜欢音乐，好骑马，也时常到伦敦去。他是世界笔会会长，今年又得到诺贝尔文学奖金。

（二）戏剧家的高尔斯华绥

说来也像个奇迹，英国现存的三大戏剧家正巧代表了英伦三岛：萧伯纳代表爱尔兰，巴蕾代表苏格兰，高氏代表英格兰，的确，无论在血统上，在教育上，高氏都是纯粹地英国的，他能客观地观察自己，了解自己，他看到了人们的愚妄，社会上种种的不平；他听到了弱者被压迫的呻吟，他愤慨了，于是他同情弱者，同情低阶级，但是，根本上说，他不是什么社会主义者，他是个贵族。他看到别人受苦，于是自己不能享乐，这完全出于良心的驱使。在这种情形之下，内心的冲突自然是不可避免的了。托尔斯泰就曾给这种冲突驱到疯狂的路上去，因为高氏究竟是英国人，多少有点绅士风度，不至走向极端，不过，理论与现实交战于脑中，铁壁重重，一线的出路也找不到，继续下去是不可能的，然而又不能停止，勃廉谛尔（F.Bruneteire）说"没有冲突，没有戏剧"，高氏内心冲突的结果，就是戏剧的产生。

他从不知名爬到荣誉的最高峰，不是偶然的事。他在戏剧上没有取巧，正如他在小说上一样。他的荣誉，是那一篇篇戏剧做成的，是那一串杰作做成的。自1906年起至1912年，七篇戏剧之中，竟有四篇是被认作杰作的，这四篇是《银匣》《争斗》《正义》《鸽子》，这又不能不算是个奇迹了。

《银匣》是他的处女作，表现的是阶级的冲突，巴斯威克

（John Barthwick）的儿子和流氓永思（Jones）同时喝醉了，小巴斯威克偷了一个女人的钱包，永思偷了她的盛烟的银匣，但是结果小巴斯威克获释，永思被罚，在两人对比之下，表现了阶级间的不平。这剧一开幕，观众的注意力就被吸引住了，此后每一句每一字都渐渐引向胜利的结尾，即使善写开幕的非赤（Clyde Fitche）也不得不甘拜下风了。全剧没有叫嚣，没有夸大，是处女作同时也就是杰作，远非萧伯讷、王尔德和一般感伤主义作家所可及的。不过，他这种对感情的约束，在德国颇不得一般批评家的赞许，他们以为他没胆量去尝试更深的悲剧。但是，我们都知道，悲哀到了沉默的程度，比大嚷大叫不更能动人吗？

《争斗》写的是铅板公司的工人罢工的情形，高氏没说给我们罢工的进行情形，他直接把我们领到出事的地方去了。在会议席上，我们看到公司经理安东尼（Antony）坚持要制止罢工，因为他已经平息过四次罢工了，这次也丝毫不能妥协，胜利一定是他的。在工人方面，罢工领袖罗伯次（Roberts）也坚持着要奋斗到底，为人道主义，为光荣妻子，饿死算什么大不了的事呢？结果劳资两方面都排挤了个人的领袖。他们妥协了，两个失败的英雄，安东尼和罗伯次，互相惊奇地望着，这是怎样动人的一幕呵！这剧不仅是表现了劳资的斗争，实在表现了真真正正的人性，他没宣传主义，他没说教，他把活的人放在我们眼前，我们看到了他们的愚妄，看他们在迷路里转，我们笑他们——但是我们自己仍在愚妄里活下去。西班牙戏剧家培那文德（Benavente）说，"观众在观剧时所发的道德、善、正义的意念，只要有四分之一实行出来，世界就可以变成乐园了"，正可以应用到这剧上。

《正义》是高氏看了穷人不能享受离婚自由的特权、监狱制度的腐败而发出的抗议，高氏的热衷和多思很多有与法国戏剧家卜乐（Brieuy）相似的地方，在这剧里我们更发见了许多卜氏的《红外套》（*La Robe Rouze*）相似之点。在这剧里，没有英雄，因为真正的英雄对自己的罪恶也会感到快意的，法尔德（William Falder）只是个弱青年，在第二次被捕时就自杀了。

　　实在说来，以上三剧虽然各有特殊的成功，但是伟大的杰作还是《鸽子》，有宏大的布局，有连续的进展，充满了诗的神秘的幻想的色彩，主人公外尔文（Christopher Wellwyn）看到别人的痛苦，自己也不痛快，所谓外尔文者实在也就是《岛国的法利赛人》里面的谢尔顿（Shelton），都是作者自身的影射。在这剧里作者内心的苦闷的冲突又活跃地表现了出来，斐尔浦教授（Phelps）说："现在世界上只有三个人，萧伯讷、巴蕾和高氏，能写出《鸽子》，但在这三人中却给高氏写出来了。"可见这剧的重要。

　　大战前后，高氏是正在走坏运的时期，所发表的戏剧都不受大众的欢迎，《逃亡者》写恋爱和婚姻问题，在《暴徒》里我们看到个人反抗群众，在《一点爱》里我们又有了殉真理者，《基本金》写的社会革命，都不是重要作品，不能详细叙述了。

　　《相鼠有皮》和《忠义》的发表，使高氏重得了以前的荣誉。这两剧所代表的思想，同以前各剧是一致的。高氏曾在一篇论文里发表他对戏剧的理论，他说："戏剧的形式应该使剧的含义尖锐化，每一组生命和人物都有他生来的'道'，戏剧家的职责就在把这些组放在适宜的地方，可以使他们的'道'深刻地表现给大众。"这两篇剧就是他这理论的实证，其实高氏一切戏剧的技巧的奥秘，也可以从这里得到启示。

自 1922 年以后，他所发表的诸剧如《森林》《窗户》等，都不占重要的地位，一直至 1926 年《逃脱》的发表，高氏在技巧上有了个新的转变，就是，他受了电影的影响。他指给我们，戏剧是可以超过电影的，无论在趣味上，在给人们的刺激上。1929 年的《屋顶》和《放逐》算是最近的作品了。

最后，倘若需要的话，我们还可以谈谈他的所谓中心思想，尤其是在戏剧上表现的。其实，我们已经知道，他的戏剧的成因是内心的冲突，所谓中心思想也者，也不外是从那里生出来的，总括一句，在戏剧上，他的出发点是同情，表现的是阶级冲突，目的是在求人类平等。再总括一下，他的一切戏剧都不外是保罗致考伦斯人（Corinthinans）的第一封信第十三章的注解——这章的主意就是人类应当慈悲为怀。

（三）长篇小说家的高尔斯华绥

19 世纪之末，英国小说界有一个新趋势，就是想从维多利亚时代的空虚无物里逃脱出来。在这种趋势下产生了斯蒂文生的冒险小说；吉百龄的帝国主义小说；威尔斯的新乌托邦小说。但这不过代表逃脱的倾向，不能就这样停止下来的。于是一般女作家热烈地写着恋爱问题、婚姻问题、法律宗教问题，这些对她们都是极切身的。又有一般青年小说家从而助势，于是乃洋洋大观了。他们都是革命家，他们继续反对维多利亚时代的垄断的态度和实利主义，20 世纪初的英国小说界实在是为一种大的破坏所震栗着，同时打破偶像的观念也流遍了思想界，潜伏着的是一次道德革命。就在这时候，高氏以长篇小说家而挺立出来了。

最初发表的两部长篇小说，《久斯伦》和《威拉·鲁滨》都是写爱情的喜剧的，人物缺乏真实，不能算是成功之作。《岛国的法利赛人》得到了相当成功，主人公谢尔顿是作者自己的缩影。他天性就倾向利他主义，他用心灵去到社会探险，这社会不想知道什么人生的真义，它所知道的只是占有和享乐。高氏在改订版的序上说："十分之九的中上阶级的人都是法利赛人，不思索地去接受固有的东西。"这部书只是一篇序论，他发见了法利赛人以后，他又继续揭穿现代法利赛主义的各种相，接着我们有了两种人物的典型，《有财产的人》的主人公和《乡村的家室》的主人公，《有财产的人》下面还要讲到；《乡村的家室》描写乡间地主的生活，他们固执地认为，一切旧的全是好的，是一篇讽刺友情转而讽刺伦敦贵族的生活，在技巧上有惊人的成熟。《暗花》是对热情的分析，分三部，每部各有女主人公，是一个缩小的三部曲，《弗利兰家的人们》描写地主的暴虐，《在外》则是对热情的分析，这许多部长篇小说，表现的手法尽管不同，采取的材料尽管不同，但是有一点是相同的，就是他指示给了我们：我们都是法利赛人，虽然我们不自觉，不承认。

高氏最重要的长篇小说自然还是他的前后两个三部曲。比较起来，《否赛提家的家史》似乎还更重要，这部家史实在就是自1741年以来的英国中上阶级社会的历史，叙述自 Jolyon Forsyte（1741—1812年）开始。他生了五个孩子，他的大孩子又生了十个孩子，一直下去五辈，描写他们的欺诈，他们的营营苟苟，他们的偏见和固执，以叟木（Soames Forsyte）为活跃的中心，极尽了变化，极尽了错综。在前两部里，第二辈的人们，因为意见和理想的不同，反抗第一辈的人们。至《出租》出现了第三辈，第二辈又被反抗了。《出租》是从《否赛提家的家史》到《现代喜剧》的桥梁。《现代喜剧》写的仍是否赛提家的事情,不过背景都现代化了。叟木虽然还活着,但因为已经过了时,地位给弗乐尔(Fleur)占了去,他只好学着抽烟打高尔夫球了,他曾一度游美,归来后就死去了,这一家的家史就终止在这里。

在长篇小说里,使我们惊奇的,是他的文学的优美,个性的活现。因为受了戏剧和随笔两层技巧上的调练,人物虽然多到可惊,但绝显不出拥挤来,同时也使他在长篇小说的形式上有了新的贡献:就是他能使各章在调子上,在插话上,在背景上成功一个密合的一致的整体,——布局的戏剧化。詹姆士(H.James)整天嚷着:"戏剧化,戏剧化。"不错,他的确化了,但可惜化得不高明,勉强的痕迹随处可以发见。高氏这种天衣无缝的密合,他是梦想不到的。班乃特(Bennett)和威尔斯都是近代大小说家,但是在他们的小说里,除了他们写出的以外,我们得不到什么更深刻的意义和暗示,正相反,高氏割下了人生的一部分,去写,去渲染,我们却从这里得到更多的了解,即便全部的人生哲学,也可以从这一小点去窥见。在英国小说史上,还没有第二个人能这样做过。

同戏剧里一样,他在长篇小说写的仍然是中上阶级和无产阶级——革命者的冲突,他看到中上阶级用旧公式来解决新问题,紧紧地抱住传统的观念,革命者所要求的是真理,他们希望中上阶级也要求真理。他们坚持着,中上阶级应当放弃他们所有的旧的东西的某一部分,来寻求真理,而他们自己因为根本就没有任何东西可以很自由地去寻求。高氏看出了这种惰性的坚持,是使这两个阶级永远不能互相了解的最大原因,就在这一点上,他筑起了他的社会哲学。他一方面描写贵族阶级的传统的固执、愚昧，一方面他也认为革命者的要求是有点太大了。这哲学，不管高氏应用得怎样，的确是永久真理之一。他多半在家庭的琐事上，表现社会问题，表现他这种哲学。他并不像萧伯纳，把家庭来当作一个组织去破坏，他不过拿家庭当工具去表现他的思想罢了。他的性情有一种高尚的本质，所以他既成不了刻薄的嘲讽家，也成不了感伤主义者。他有时也不免去嘲讽别人，但总有节制。他同威尔斯一样，是不惜以任何代价去换真理的，但是与威尔斯究有不同处。他对真理的要求，并不显出只是为个人的需要。威尔斯的人物为观念而活动，高氏的人物为个人的兴趣而活动，倘若我们需要观念的话，我们可以到书里去发现，在这一点上，高氏是超出同时代诸小说家的。

舍瓦勒（Chevalley）说："倘若我们来评列高低而给出批评的话，他（高氏）是最值得我们注意的了，他可以说是最完全最充实的小说家。"可见他的价值。

（四）短篇小说家、小品文家、诗人的高尔斯华绥

我们普通所认识的高氏只是戏剧家和长篇小说家的高氏，的确，他的天才在戏剧里得到了充分的发展，但是我们也不可忽略过，在短篇小说、小品文、诗的领域里，他的建树也是不可泯灭的，再夸大一点地说，即便他不曾写了那些戏剧和长篇小说，只靠这些不使人注意的建树，在文坛上，他也会有很高的地位的。

短篇小说，我们拿 1918 年的五篇故事（Five Tales）和 1927 年的《沙漠旅行队》（*Caravan*）作代表，表现的思想同戏

剧和长篇小说差不多，但是文笔的优美，在比较短的篇幅里所表现的技巧，却不是在长篇小说里可以找到的了。

小品文集有《静的旅店》(The Inn of Tranquility)，诗有《心情、诗歌和劣句》(Moods, Songs and Doggerels)，都有浓厚的兴趣，熟练的技巧，但是这不是我们所着重的，最要紧的一点，就是，在这里我们可以看到高氏的另一面，长江大河的长篇小说，错综变化的戏剧，当然能使我们惊叹也来不及的，但是随时起意写出的小品文，随时感兴吐出的珠圆玉润的诗句，不也能带我们到另一种飘渺的灵界吗？

（五）附尾

一年一度的诺贝尔文学奖的确也是近代一般人兴趣所集中的盛典。我们不能否认，有许多作家因得到这奖金才为世人所注意，而享了大名。但是今年奖金之给与高氏，我们除了认为这次的确给了配接受的人以外，对高氏的荣誉不会有怎样大的影响。至于高氏的真价值更与这得奖没有关系，不过在别人抬神像似的大吵大嚷的当儿使我们国人来认识一下这位大作家，也不是无意义的罢。

高氏今年已是 65 岁的老翁了，但是除了不时写小品之外，在 The Scribners 杂志最近几期上又发表完了他的长篇近作《绚烂的沙漠》(Flowering Wildrness)。这种惊人的魄力和工作的精神，真使我们惊叹。我每次读他的作品，总有一个秃顶高额的老人，脸上充满了毅力和严肃，浮现在眼前，我祝福他。

1932 年

《清代海外竹枝词》序

竹枝词，作为乐府曲名，虽然起源于唐代。但是，我总怀疑，它是源远流长的。它同许多中国文学形式一样，最初流行于民间，后来逐渐为文人学士所采用。而对竹枝词来说，这个民间可能就是四川东部巴渝一带地区。唐刘禹锡任夔州刺史。有一次他来到建平（今四川巫山县），听到了民间的儿歌，受到启发，写了《竹枝》九篇。每首七言四句，绝类七言绝句，但不甚讲平仄，押韵也较灵活。当时白居易也有《竹枝》之作。

刘禹锡在《引》中说："昔屈原居沅、湘间，其民迎神，词多鄙陋，乃为作《九歌》，到于今荆楚鼓舞之。"刘禹锡并无意把《竹枝》的产生地带同《九歌》联系起来。但是，我认为，这是可以联系的。中国古代荆楚一带文化昌盛，几年前发掘出来的编钟震动了世界，就是一个很有说服力的例子。巴、渝地邻荆楚，可能属于同一个文化圈。民间宗教信仰以及祭神仪式和乐章，容或有相通之处。

从歌词内容上来看，也可以看出一些线索来。中国古代南方荆楚一带的诗歌，比如《楚辞》，意象生动，幻想联翩。勉强打一个比方，可以说是颇有一点浪漫主义的气息，同北方以《诗经》为代表的朝廷或民间的诗歌迥异其趣，这种诗词威仪俨然，接近古典主义。竹枝词在情趣方面比较接近《楚辞·九歌》等荆楚文学作品。

根据上面这些考虑，我就怀疑竹枝词是源远流长的。

在中国文学史上，以《竹枝》或《竹枝词》命名的文学作品不是太多。这方面的专著或论文数量也极少。我个人觉得，这似乎是一个小小的憾事。

王慎之先生是一个有心人，多少年来就从事竹枝词的搜集、整理与研究工作，成绩斐然，已有专著出版，享誉士林。现在她又搜集了外国竹枝词，包括了东西方很多国家。作者不一定都曾身履其境，但竹枝词中所描绘的当地的老百姓生活情趣，却几乎都是生动活泼，栩栩如身历。这会受到士林，特别是研究中国文学史的同行们的热烈欢迎，是完全可以预卜的。我向她祝贺。

外国竹枝词，同中国竹枝词一样，作为一个文学品种，非常值得重视。但是，根据我个人的经验，较之中国竹枝词，外国竹枝词还有更值得珍惜的一面。几年前，我写《中印文化交流史》时，曾利用过清尤侗的《外国竹枝词》中有关印度的那几首。把古里、柯枝、大葛兰、榜葛剌那几首都引用到书里，给平庸单调的叙述凭空增添了不少的韵味。我相信，留心中印友好关系的读者，读了这几首竹枝词以后，也会感到情致嫣然，从而增加了对印度人民的理解与感情。其他国家可以依此类推。由此看来，这些外国竹枝词的意义就不限于文学方面，其政治意义也颇值得重视了。

我向王慎之先生祝贺，祝贺这一部书的出版。我怀着愉快的心情写了这一篇序。

1993 年 7 月 4 日

艺术漫谈

季羡林

《科学与艺术的交融》读后感

今年11月2日,我在"北大论坛"上作了一次发言。我在学术座谈会上,或者堂而皇之地称为"学术讲座"上发言,有人称之为作报告,一向没有讲稿,因之也就没有题目。这一次发言依然如故。录音整理者给它加上了一个题目:"天人合一,文理互补"。实在是得其神髓,我非常满意。发言稿登在北大校刊上。立即引起了北京大学电子学系吴全德院士教授的注意,他枉驾寒舍,告诉我他完全赞成我的看法,并且送给了我他的新著《科学与艺术的交融:纳米科技与人类文明》(北京大学出版社,2001年7月第1版)。我大喜过望。发表一种意见而能得到赞同,这也是知己的一种表现形式。我焉能不大喜呢?

我拿到了书,立即埋首读起来。但是,我是搞语言的,物理只有高中水平,电子则一窍不通。我读这一本融合文理的书,真是苦乐参半。读到讲物理学的部分,则若读天书,不知所云,味同嚼蜡,苦不堪言。读到讲艺术的部分,则豁然开朗,字字珠玑,其甘如饴,乐不可支。我一连读了几遍,觉得这真是一部好书,处处引人入胜,给人以无穷无尽的启悟,发人深思。它给科学与艺术架上了一座可靠的桥梁。

我现在引用几句吴先生引用的教育家和自然科学家的话,引用原话比自己解释更为可靠。蔡元培先生在《美术与科学的关系》一文中写道:"科学虽然与美术不同,在各种科学上,都有可以应用美学眼光的地方。"鲁迅在《科学史教篇》中指出，仅片面地推崇科学，人生必大归于枯寂。他又指出，人类所当希冀要求者，不仅是牛顿，也应有莎士比亚；不仅要有玻意耳，也要有拉斐尔那样的画家；既要有康德，也必须有贝多芬；既要有达尔文，也必须有卡莱尔似的著作家。凡此种种，"皆所以致人性于全，不使偏倚，因此见今日之文明者也。"（羡林按：请注意鲁迅使用的这一个"全"字。）正如吴全德先生在书中几个地方讲到的那样，科学与艺术如鸟之双翼，车之两轮，缺一就是不"全"。

吴全德先生还引用了一些著名的科学家和哲学家的话。爱因斯坦说："真正投身于科学事业的人是对自然和谐与美的追求。"庞加莱曾写道：科学家研究自然是因为他从中得到快乐；他从中得到快乐是因为它美，是根源于自然各部分和谐秩序、纯理智能够把握住的内在美。德国数学家魏尔（H.Weyl）说："我的工作总是尽力把真和美统一起来，但当我必须在两者中挑一个时，我通常选择美。"德国科学史家菲舍尔认为，所有伟大的科学家都追求美的感受，他们懂得从美学中获得科学灵感，从而揭示自然界的真理。这几句话有极大的概括性。

吴全德先生在本书中还引用了大量的名人的言论和看法，我不再引用了。总之，一句话：科学与艺术之间有密切的关系或者联系，这一点是无可怀疑的了。

当代中国艺术家和华裔科学家中也有人注意到科学与艺术的关系的，比如吴冠中教授、李政道教授、杨振宁教授等等。详情具见本书中，请读者自行参阅。我认为，对科学与艺术交融问题讲得最全面、最彻底、最有系统的，还是吴全德教授的这一本书。书中有很多很精彩的意见，比如强调艺术中

"美"与"妙"的区别。他说："'美'的着眼点是一个有限的对象,就是要把一个有限的对象刻画得很完美。而'妙'的着眼点是整个人生,是整个自然造化。'造化'就是大自然。"下面一直讲到"境外之象","景外之象",最终点到"意境",是研究中国诗歌美术的一个人所共知的术语。这些话虽然是引自叶朗教授的著作。但是吴全德教授显然是完全赞成的(原书,p.54)。又如,吴先生讲到石画,这是造化形成的。中国有名的大理石也属于这个范畴。吴先生说:"令人惊奇的是:天公在四亿五千万年前太古形成时怎能创造出中国风格的水墨画呢!"(p.55)再如,吴先生在全书几个地方都强调了"开发右脑"。关于这个问题,吴先生在本书中有极长极细致的论述,见本书pp.69—74,我不能全部引用。核心问题是:根据科学家的研究,左脑是"理性脑",右脑是"感情脑"。也有人称左脑为"自身脑",右脑为"祖先脑"。吴先生认为,建国后的"应试教育",一边倒地开发左脑,其结果是,学习者缺少创意,缺乏整体意识,偏执于个人的成败得失。目前提倡素质教育,应着重开发右脑,这样就能提高艺术鉴赏力。提高创新欲望,容易激发灵感,令人心平气和,生活平静、协调。此外,吴先生还有很多精彩的意见,限于篇幅,不能一一叙述了。

但是,我认为,吴全德教授最重要的最有意义的贡献还在于,他嫌几亿年太久,他在实验室中创造出类似石画的中国画。读者只要看一看本书所附的那一些实验室中产生出来的彩色图片,不会有人不感到大吃一惊的。这一些自然产生的图画,鬼斧神工,与中国文人笔下的画毫无二致。人们真不能不相信科学与艺术的交融。至于为什么会出现这种现象,我们目前还无法解释。解释过了头,就会濒临神秘主义,我们还是就此打住吧。

前两天,我收到了《中国书法》本年第11期,第一篇文章就是《艺术也有规律,但和科学要求的不一样》,是刘正成先生采访熊秉明先生的谈话记录。熊秉明先生说:"黑格尔很重视自然美和艺术美的区别。艺术美是心灵的创造,其精神是自然美本身所没有的。艺术美有一个作者,有人的成分在,有一个主观在。"我对黑格尔的美学没有深入的研究。不知道熊秉明先生具体的意见是什么。但是,我认为,如果把一幅画家画的画和吴全德教授在实验室中拍摄的"画",一起摆在一个欣赏者眼前,他只要看到画美,便会得到美感享受,得到快乐,得到启发,得到灵感。他不会,也用不着去追问去研究,这一幅画是人工画成的还是造化创造的。那是一个研究者的任务,与欣赏活动无涉。

总之,科学与艺术的交融是一个事实,是无法否认的。

可是,我想再进一步追问一句:在人文社会科学中,科学只能同艺术交融吗?我认为,不会的。我希望文理双方的专家都要考虑交融的问题。各科的情况不同,交融的过程也不会一样。但是,在21世纪,文理交融是学术发展前进的必由之路,这一点我是敢肯定的。

我热诚推荐吴全德院士教授的这一本新著。因为我并不全懂,所以不敢说这是一篇书评,只能说这是一篇读后感。

2001年11月26日

知识分子的一面镜子
——看话剧《三人行》有感

话剧《三人行》(阳翰笙作剧、中央实验话剧院演出)描写了解放前后三个大学教授思想转变的情况。三个人物是三个典型。赵文浒,政治上爱憎分明,解放前夕参加了党领导下的民主革命运动,解放后,积极改造自己,争取做一个无产阶级的知识分子。吴思贤,有正义感,对国民党不满,也热爱新中国,但是在政治上往往分不清敌我,参加土改后,大大地前进了一步。石人俊,顽固地站在反动的立场上,包庇自己的恶霸地主哥哥,终于彻底暴露了自己,为人民所唾弃。

作者塑造了这样三个典型,对每一个典型都有生动、具体、细致、深入的描绘。石人俊实际上是一个"反面教员"。解放后,他对新中国没有一点感情,别人兴高采烈,他却满腹牢骚;参加土改也十分勉强。他根本不关心农民,关心的只是自己的身体和营养。他还包庇了他的恶霸地主哥哥。石人俊实际上是站在与农民为敌、坚决反对土改的地主立场上。这样一个人必然会坚决拒绝改造自己。他走的道路是自绝于人民的道路。

吴思贤可以算是一个中间派。他不太关心政治。虽然有一点正义感,但也是比较空洞的。他下乡去参加土改,当然不能说他没有改造自己的愿望;但是,他最感兴趣的却不是土改本身，而是他自己的业务。他偷偷地瞒了别人，让一个坏分子、恶霸地主的狗腿子罗三带路到山上去找化石。他坚决相信罗三是好人，为他百般辩护。等到罗三的真面目被揭露，被逮捕以后，他才"仿佛从恶梦中惊醒了过来"。吴思贤接受了这个教训，全心全意参加土改，锻炼自己。赵文浒申斥石人俊包庇自己的哥哥，石人俊拒绝承认，吴思贤也认为"包庇"二字用得过分了一点。但是，一直到剧本快要结束的时候，他那种认识模糊的中间态度还没有完全改掉。

至于赵文浒，他当然是剧中的正面人物，是作者着力描写的。作者在这里塑造了一个立场分明、追求进步、永远严格要求自己、老当益壮的知识分子的左派人物。对从旧社会过来的知识分子来说，他是一个学习的好榜样。在解放前，他不顾自己的性命，坚决同国民党的统治作斗争。解放后，他热爱新中国，热爱我们的党，时时要求进步。下乡参加土改，能同农民同吃、同住、同劳动，最后终于提出了入党的申请。赵文浒走向进步的过程，是使人感动的。

就是对这样一个人，作者也并没有姑息，还描绘了他的另一面。这一面就是自高自大、主观片面，有点个人英雄主义。在解放前夕参加反对国民党的斗争的时候，他对石人俊说："共产党有共产党的主张，我有我的看法，有些问题，我们的主张和看法都很一致，那倒是事实。"好大的口气！他俨然想同共产党分庭抗礼了。到了解放后进行土改的时候，他一方面非常自信，相信有办法帮助石人俊转变过来，同时又觉得自己已经锻炼得差不多了。到了农村以后，他仍然是那样自信，他同梁二顺在一起住了半个月，就认为，二顺已经把心掏给他，什么话都对他说了。他儿子赵伟森不同意他的想法，他还觉得伤了他的自尊心。他相信自己而不相信群众。土改回来以后，他的思想觉悟大大地提高了一步，对自己要求更严格了，并且向党组织提出了入党的申请。就在这时候，石人俊悄悄地耍了一个手段，他就信以为真。他对石人俊的女儿石晓芬说："你别还拿老眼光来看他，他可跟从前大不相同啦！"这就说明，他那主观片面、过于自信的毛病还没有完全改掉。

赵文浒就是这样一个人。他虽然有些缺点，但是总想改掉，总是要求向前，要求进步。反过来，我们也可以这样说，他虽然对自己要求严格，努力前进；但是总还有一些小毛病留在身上，需要加以涤除。

作者笔下的高级知识分子的三种类型就是这个样子。这三种类型，特别是赵文浒这样的类型，对我们今天的知识分子，还是有很大的教育意义。

首先让我们回顾一下知识分子从解放前夕到今天所走过的漫长的道路吧。

在临近解放的时候，全国除了解放区以外，都处于水深火热之中。国民党统治集团胡作非为，贪污腐化，好话说全，坏事做尽，连一向生活比较优裕的大学教授也弄得焦头烂额，朝不保夕，他们即使想藏在象牙之塔里，也没有可能了。大家都感到国民党土崩瓦解之势已成，大风暴就在眼前。在这风云变幻的时刻，有的人满怀信心，像迎接朝阳一样迎接新时代；有的人迟迟疑疑，彷徨无着；有的人心怀不安，愁绪满腹。

不管我们这些知识分子抱着什么态度，客观形势的改变并不以我们的主观愿望为转移，终于"换了人间"。从此知识分子就走上了一条新的道路，一条思想改造的道路。应该说，这一条道路并不是从头到尾都是一模一样的；走这样一条道路还是要费一些劲的。它有时候是平坦的，有时候也有一点坎坷不平；有时候带来无限的快乐，有时候也带来一点烦恼；有时候豁朗通达，有时候也碰到阻塞；有时候鸟语花香，春意盎然，有时候也难免有点阴云，带一点寒意。但是，不管在什么情况下，有我们党的英明领导，有毛泽东思想的指路明灯，我们这些知识分子还是大踏步地走上前去了。同时，我们身边的一切事物，时时刻刻都在改变着面貌；我们伟大的祖国建设得越来越美丽，国家的地位和声誉越来越高，社会上的风气越来越好，人民的生活越来越改善。而且，无论在什么时候，在什么地方，我们党对知识分子的深切关怀，都可以感觉得到。这更给知识分子带来巨大的鼓舞，使我们欲罢不能，非走上前去不行。还有一个伟大光明的前景在我们眼前，光芒辉煌，强烈地吸引着我们，使我们越过越愉快，越活越年轻，干劲越来越大，精力越来越充沛。到了今天，同解放初期比起来，知识分子的精神面貌已经有了很大的改变。许多知识分子，已经像剧中的赵文浒那样，成了无产阶级的知识分子了。

　　但是，是不是就可以说，今天的知识分子已经改造得很好，不需要再改造了呢？根据我自己的体会与观察，我觉得还远得很。我们的改造才只是一个开端，我们身上需要改造的东西还多得很。在这里，人们的情况不完全一样：有的人有这样的缺点，有的人又有那样的缺点。但是，知识分子们也有一些比较共同的缺点，那就是自高自大，主观片面。阳翰笙同志在塑造赵文浒这个典型人物的时候，优点方面写了很多，这里不再去说它，在缺点方面写了这两点，可以说是恰恰搔到知识分子的痒处。这些缺点是旧知识分子多年的生活环境、生活习惯、工作方式所决定的，是要用很大的力气才能逐渐克服掉的。这是一个反复的、长期的过程。

因此，我们今天看到《三人行》的演出，在这三个人身上，特别是在赵文浒身上，看到这些比较普遍的缺点，是很有教育意义的。它好像是一面镜子，我们在里面可以照见自己。它一方面告诉我们，人们是可以改造的，缺点总是越改越少的。但是在另一方面，它也告诉我们，自我改造是长期的，也并不是很容易的。我们面前还有很长的道路，我们必须努力，努力，再努力！

最后我还要对演出说几句话。我不懂戏剧艺术，但是我觉得中央实验话剧院的演出是成功的。石羽、耿震、李丁三位扮演的三个教授各有各的特色。舒强的导演手法干净利落，效果很好。

1963 年 9 月

喜看《沙恭达罗》重新公演

印度古典名剧《沙恭达罗》，继1957年和1959年两度上演之后，又在我们舞台上演出了。这对于活跃文学艺术空气，开阔中国观众的眼界，加强中印两国人民的传统友谊，都是非常有利的。

印度戏剧已经有了二千年的历史。在这漫长的历史时期内，出了不少杰出的剧作家和剧本。迦梨陀娑的《沙恭达罗》就是其中最著名的一部。

这个剧本的主题思想并无新奇之处。它主要歌颂了净修林内仙人的义女沙恭达罗与国王的爱情。至于这一个剧本产生的时代，在印度和其他国家都有很多争论，而且对时代的估计差别极大，一直没有大家一致同意的结论。但是一般都承认，迦梨陀娑生于公元后四五世纪。从印度历史的发展来看，此时正处于封建时期。因此，剧本所歌颂的爱情就是一个封建君王同一个山林（农村）少女的爱情。

沙恭达罗和国王的爱情都是坚定的。但是没有矛盾，就没有戏剧。印度剧本中的矛盾，往往蒙上一层神话的色彩。《沙恭达罗》也不例外。迦梨陀娑使用了印度剧作家有时候使用的手法，也就是仙人诅咒的手法，来制造矛盾，解决矛盾，终于皆大欢喜，来了一个大团圆。

读者也许要问：正如中国唐明皇与杨贵妃的爱情那样，一个"后宫佳丽三千人"的封建君王能有纯真的爱情吗？但是，

　　20世纪50年代，中国文化代表团访问印度、缅甸。季羡林是团员之一，在印度先后访问其著名学府，参观古代宫殿建筑，访问泰戈尔故居等。图为文化代表团团员在印度著名宫殿——泰姬陵前合影留念。

唐代大诗人白居易却以非常严肃的态度描绘了他们之间的爱情。虽然近似一出悲剧，但他们的爱情是真挚动人的。迦梨陀娑也以同样严肃的态度歌颂了国王与沙恭达罗的爱情。这应该怎样解释呢？

我想引用德国大诗人歌德的说法来解释这个问题。歌德在描写对象身上区分出现实性与真实性。现实性就是客观存在的情况。真实性就是应该有的情况，也可以叫做理想性。诗人的职责就是通过现实性的外表，描绘真实性，换句话说就是，不管现实情况如何，在他的笔下，理想的爱情应该是纯正的、坚定的。在《沙恭达罗》这个剧本里，沙恭达罗与国王的爱情就表现为真实性或理想性。

这一点我觉得在今天还是值得我们注意的。我们不是讲心灵美吗？心灵美的涵义很广，但是纯真的爱情也是心灵美的表现之一，这恐怕是大家都承认的。在这一方面，我们可以从《沙恭达罗》中学习一些有用的东西，也就是说，它值得我们借鉴。

在心灵美方面，还有一点我们可以向《沙恭达罗》学习的。在印度人民心目中，《沙恭达罗》的精华是第四幕，而第四幕的精华又是沙恭达罗与义父甘瓦别离时的那几首诗。父（虽然是义父）女之间那真挚的感情，在诗人的生花妙笔下，也确实是非常感人的。在中国舞台上，这种感动人的场面，中国观众也一定能够体验到，中国青年艺术剧院的演员们在表演这一幕时，演技达到了相当高的水平。谓予不信，请观众看完演出后再作评论。无论如何，我认为，在这一点上，我们也可以从《沙恭达罗》学习一些有用的东西，也就是说，它也值得我们借鉴。

总之，尽管《沙恭达罗》是一出古典戏剧，而且还是外国的，今天我们上演它，除了艺术美的享受以外，本着古为今用、洋为中用的精神，我们还是可以从中学习到不少东西的。所以我就写了这一篇简短的介绍，谈了谈我自己一些肤浅的看法，供爱好戏剧的同志们参考。

1982 年 3 月 26 日

《京剧与中国文化》序

常读到艺术理论家的两句话："越是民族的，就越是世界的。"听说有人提出异议，我对艺术理论不是内行里手，对这种异议不但提不出什么异议，我反而觉得这两句话是有道理的。中国的京剧就是一个例证。

据说京剧原来并不姓京，是由地方戏徽剧逐渐改造成的。徽剧进京以后，经过几代大师的锤炼、改进、去粗取精，去土增京，终于形成了后来的京剧。当我还是大学生的时候，京剧正处于辉煌的顶端，什么四大名旦，几大须生，满街听哼京剧声，京剧院经常爆满。后来梅兰芳博士又赴苏联和美国演出，获得了成功，连苏联的戏剧大师斯坦尼拉夫斯基都加以赞赏，于是民族的一变而成为世界的了。

京剧的关键不在于情节，而在于唱腔。从情节上来看，京剧历史剧最多，关于三国的戏恐怕更多。中国老百姓之所以都能知道诸葛亮、曹操、刘备、关羽等等历史人物，多半与京剧——当然还有小说——有关。但是，真正喜爱京剧的人，并不关心情节，情节他们早已烂熟于胸中了。比如失、空、斩，谁人不知？可是他们仍然愿意看这几出戏。我在这里用了个"看"字，恐怕不妥，真正老戏迷是"听"戏，而不是"看"戏。听的当然就是唱腔了。所以我说，唱腔是京剧的关键。在这一点上，西方的歌剧（opera）颇有类似之处。

星换斗移，时移势迁，人们常说的："三十年河东，三十年河西。"我认为是适用于宇宙间万事万物,京剧何能例外?在举世审美价值、审美标准、审美观念剧变的情况下,青年人首当其冲。中国以美食甲天下,然而也抵挡不住麦当劳、肯德基等等的冲击,遑论其他!振兴京剧的呼声已经响起多年了;然而,一直到今天,却收效甚微,有识之士,憬然忧之。徐城北先生的这一部书《京剧与中国文化》,也应当归入有识之列,大大地值得我们欢迎。

但是,城北这一本书决不停止于空洞的呼吁上,而是陈义甚高,把京剧与中国文化挂上了钩。从这样一个高度上,他以活泼生动而又谨严有条理的语言,描述了一百年来京剧发展演变的过程。在轻松的气氛中,读者就能深刻而又具体地感悟到中华文化的博大精深,书中有许多细致的情况,圈外人是难以知道的,城北由于多年在剧团工作,他可以说是槛内人,因此就能写了出来,大大地开阔了我们的眼界。我想,读者对此都会感激的。

这样能不能够就振兴京剧呢?我想是能的。但是,京剧衰微,其故颇多,大气候小气候都有,可以说是"冰冻三尺,非一日之寒"。因此振兴起来也就不能操之过急,要求立竿见影是难以办到的。现在我们只能用"润物细无声"的办法,慢慢地,一步一步地,从各个方面,进行工作,假以数年,庶能有成。在这方面,城北做出了重要贡献。我乐于给他这一部书写了上面一些话,就算是序吧。

2001 年 3 月 15 日

看《革命自有后来人》的一点感想

我平常不大看京剧，对京剧可以说是一个外行。但是这并不是说我对京剧就没有保守思想。我常常想：只有穿上金光闪闪的滚龙袍，登上厚底的靴子，迈着台步，这才能算是京剧；如果换上现代的服装，演现代的题材，这如何能算是京剧呢？

昨天晚上我就是带着许许多多的问号去看黑龙江省哈尔滨市京剧团演出的《革命自有后来人》的。可是，大大地出乎我的意料，从第一场起，紧张的剧情和精彩的表演就牢牢地把我吸引住。看完之后，我的心很激动，我觉得，我一方面获得了一次艺术欣赏，另一方面又受到了一次教育。我带去的那一些问号一扫而空。

这是一次成功的演出。题材确确实实是现代的，但又确确实实是京剧。这一点非常重要，否则，如果由于演现代戏而取消了京剧的主要特点，那就等于取消了京剧，根本谈不到什么改革了。我觉得，这个剧保留了不少的京剧的表演特点，但又有了新的发展。

看了这次演出，我对京剧的前途有了信心。我觉得，京剧现代戏是给京剧这个剧种添注新的生命力，使它延年益寿。在今天的社会里，京剧能不能存在下去，能不能发展，就决定于它作为上层建筑能否适合社会主义的经济基础。如果京剧墨守成规，它就会脱离广大的群众。为什么过去许多青年人不喜爱看京剧,而今天他们又排队争购现代戏的票?这个现象是耐人深思的。

是不是京剧现代戏现在就已经十分完美了?我是外行,我不敢说。但是我想,任何改革都要有一个过程,只要方向对头,大家努力,就会逐渐从不完美到完美。当事人应认识到这一点,批评家也要认识到这一点。京剧现代戏这个方向是完全对头的,它的前途是无限光明的。

1964 年 5 月

欢呼《芬芳誓言》

由于眼睛不好,我已经好多年没有看电影了。昨天下午,承《芬芳誓言》的导演和编剧王晓棠女士和编剧王宸先生垂青,到北大来专场播放,高谊隆情,十分动人。但是,我心里却一直在嘀咕,这样热的天气,在这样正应睡午觉的下午1点,而且学生正在考试中,能有几个人来看呢?可是我一走进演播大厅,里面整整齐齐地坐满了一千多人,我的心立刻放下了,自己有点杞人忧天了。

王晓棠用她那演员特有的鲜明、生动、准确、精炼的语言首先作了几点说明,主要是说,这一部电影没有一个真正的职业演员,连非职业的演员,如"客串"之类也都没有,从头到尾都是非演员的演员,过去从来没有同电影沾过边儿。这已经够骇人听闻了。故事也极简单朴素,并没有惊天动地的情节,故事的展开前后不过一个来礼拜。然而效果呢?"诸位呆一会儿看完后自己去体会吧!"

于是电影放映了。

男主人公是一位离开大陆52年又回到重庆来的台商丁嘉尧,这一次回来是想寻找52年前的未婚妻黄一兰和曾经救过他的命的一个"小兵"。这一个角色由一位原全国教育工会主席来扮演。其余的角色都用真名真姓,自己演自己,基本上都是台属。

故事展开的地方共有四处:一,重庆;二,长江游轮上;三,江阴;四,南京中山陵。其中以在长江游轮上时间最长。故事情节主要是通过主人公的独白或谈话,再加上旁白叙述出来的。故事极为简单,只不过是主人公来大陆寻找52年前的未婚妻和一个小兵而已。结果是到了江阴以后,痴心妄想,忠诚不二,盼星星、盼月亮,一直没有嫁人的黄一兰,刚好在前一天去世。这对主人公是多么大的多么残酷的打击,人人都能想象的。但是,如果编剧竟然让52年前的一对恋人见了面,则这一部电影就可以不必拍了。那将是一个天大的败笔。两位编剧采用了悲剧的手法。在等了52年漫长的岁月以后,在最后一刹那仍然不让他们见面。等得时间越长,悲剧的气氛越浓。最后主人公到了南京中山陵,主人公同"小兵"终于见了面。故事告终,影片结束。我认为,这是编剧使用的一个手法,在悲剧中掺和上了一点喜剧的成分,可是并不影响全剧的悲剧气氛。

全剧的主旋律是一首丹麦民歌,民歌的最后几句话是:"不远了呀不远了。只要心儿没有老,幸福的日子呀就要来到了。"

电影结束了,整个大讲堂内一片热烈的掌声。在场的所有的我认识的人,当然也包括我自己在内,没有没哭过的。有的人竟哭得两眼红肿。我在上面提到过"效果",这就是效果。我对王晓棠说:"我简直想称这部影片为杰作!"

影片故事虽然极其简单,甚至渺小;但是,谁都能够看出,简单渺小中有极其重大深刻的政治涵义。它牵涉到海峡两岸人民共同关心的一个重大问题,统一问题。我在大陆和香港等地会见过许多台湾朋友,我也曾访问过台湾,会见的朋友当然更多。但是,我们相处,宛如家人,谁也没有感到对方是"异类"。我们本来就是同胞兄弟姐妹嘛。由于种种原因,其中主要是上了那一个以世界警察自居的、野心不小于法西斯头子希特勒的帝国主义大国的当，使我们一家人长期分离，这实在是一件让亲者痛仇者快的事情，是13亿炎黄子孙的一块心病，必欲除之而后快。

王晓棠、王宸两位编剧抓住了这一件事，也就是抓住了13亿人民的心。他们把一件绝大绝大的大事通过一个绝小绝小的情节来表达出来。王晓棠的导演手法更是化大为小，小中见大，大小结合，浑然一体。古人说："治大国如烹小鲜。"这非有绝大的才能是办不到的。王晓棠是演员，是编剧，是导演，又是为数不多的解放军的女将军之一，是见过大场面的。她曾导演过调动七大军区一百五十多万人参拍的《大转折》。那是大题目大动作，以大对大，当然有其困难之处的。现在这一部《芬芳誓言》，是大题目小动作，以小对大，难度更大。然而王晓棠却显示出来了将军风度，大处着眼，小处下手，严丝合缝，不露破绽。全片气势恢宏，一气呵成。然而，美感享受最忌单调。如果一路伟大上来，开始时当然印象极深，到了后来，就会有单调之感。王晓棠使用了一些"小动作"，以达到大小结合避免单调的目的。最显著的是两个儿童。森森在影片一开始就出现了。到了江阴以后又出现了一个小女孩。两个孩子那一幕短短几秒钟揪眼睫毛的戏，着墨不多，却逸趣无穷。看到这里，我想没有哪个观众会不破涕为笑的。晚会最后两只小手摞在一起的画面，是最能催人泪下的一幕。还有一个"小动作"，必须在这里提一提，这就是，当游轮行驶在浩渺的长江中时，主人公说了一句"除却巫山不是云"，镜头立即转向雄峙江边高插云天的巫山玉女峰。这一幕恐怕很少有观众能够认识到，然而却是多么诗意盎然，含意又是多么深远！

我在上面已经说到过，这一部电影的中心思想是讲海峡两岸炎黄子孙的分离的悲剧的。丁嘉尧和黄一兰的分离就是这个分离的象征。丁黄没能见到面，海峡两岸的分离仍在继续。在这样的情况下，我们13亿人民应该采取一个什么样的态度呢？贯彻影片始终的那一条红线，就是说明这个态度的。这一条红线在片中用浓墨重彩绘了出来：忠诚，是中华民族的脊梁！这一句绝对正确的话摆在别的地方未必能引起极大的震动。然而，在本片中，在整个悲壮的艺术气氛中，却真正引起了大震动。本片在北大放映时，画面上一出现这一句话，全场上立即响起了一阵震耳欲聋的掌声，可见其感染力之大！我想，在场的每一个人都受到了一次生动而又深刻的教育。忠诚，对祖国要忠诚，对工作要忠诚，对人民要忠诚，对事业要忠诚，对朋友要忠诚，对自己要忠诚，对亲人要忠诚，对爱情要忠诚，总之是说不完的忠诚。忠诚所至，金石为开。只要忠诚，祖国的统一是指日可待的。在这里，观看影片的人无一不受到一次灵魂的净化。

在整个片子的悲剧的气氛中，我想，每一个观众也都受到了一次灵魂的净化。古希腊文学理论中就有"净化"（katharsis）这个词儿，指的就是这种情况。灵魂净化，只有积极的意义，没有任何消极的意义。净化以后，再注入更多更真实的忠诚，我们中华民族的前途一定会像上面提到的本片主题歌所说的那样："不远了呀不远了。只要心儿没有老，幸福的日子呀就要来到了。"

总之，我认为，这是一部杰出的影片，值得向两岸全体人民以及海外华人郑重推荐的。

最后，我以一个外行人的身份提一个建议：是否可以把南京中山陵那一幕提到江阴前面来，江阴台胞联谊会气氛热烈，情绪激昂，最后两只小手摞在一起有极深刻的象征意义，是全剧发展的最高顶峰，也是全剧收场的最佳时刻。后来忽然又加上了南京一幕，令人感到有点枝蔓泄气。

2001 年 6 月 12 日

观潘维明摄影集《中国农家》

艺术追求的是美，再详细一点说，是真、善、美相结合。

摄影是艺术的一个分支，追求的目标，当无二致。《中国农家》的英文译名是 The charm of China's Countryside，干脆就把"美"字点出来。charm 的含义当然比"美"字要广泛；但是其中至少也包含了"美"。

潘维明先生在北大学习的科目与摄影无关，但是，他长期以来酷爱摄影。同所有的真正的艺术家一样，他表现出令人吃惊的敬业精神，他敬业到玩命的程度。他不远千里，甚至不远万里，走遍了全国许多地区，连一般人认为是偏远的地方他也不放过，比如西藏、新疆、云南丽江地区，等等。他的着眼点是中国农村。他能从平凡处见到 charm，从细微处见到 charm，从别人不注意的地方见到 charm。他用自己精心改造的照相机，咔嚓一声，暂时的 charm 遂成为永恒，收在《中国农家》中的照片可以为证。我想，谁看了都会说，这些照片是美的，是具有 charm 的。

我还想进一步指出，潘维明是摄影家，而不是摄影匠。"家"与"匠"虽只是一字之差，其间的区别却是巨大的。"匠"追求的只是技巧方面的东西，而"家"则除了技巧以外还有思想基础和文化底蕴。维明告诉我，他同明代大旅行家徐霞客一样，对云南的丽江情有独钟，在那里待的时间最长。丽江已被联合国教科文组织批准为世界文化遗产保护单位，这是极为难得的事情。维明在那里悟到了两个问题：一个是在中国城市建设中，保存文化遗产与现代化的矛盾问题，一个是中国的传统思想天人合一问题。下面我分别来谈一谈。

先谈第一个问题。这个问题在建国初期改造大城市时就遇到了。当时的领导人大概还没有意识到这竟是一个问题。他们只注意到现代化，几乎很少考虑文化遗产的保护。所以他们认为是阻碍其现代化者，一律拆除。首当其冲的是城墙，今日已知其非。实际上，现代化与保留文化遗产，如果处理好了，并不会成为你死我活的矛盾。例子也不缺少，外国有德国的波恩，中国有云南的丽江。

再谈第二个问题。维明告诉我，他在云南丽江感悟到中国传统思想天人合一的重要性，详细一点说，就是人与大自然要和谐共处，不要提什么"征服自然"，要了解自然，认识自然，在这个基础上再伸手向自然要衣，要食，要住，要行。我个人认为，这是当今世界上最重要的问题之一，是关系到人类生存发展前途的大问题，切不可等闲视之。

以上两点我认为就是潘维明摄影艺术的思想基础和文化底蕴。我认为他不是一个摄影匠，而是一位摄影家，一位特立独行的摄影家。

2002 年 4 月 10 日

从魏德运先生的一张摄影谈起

一刹那间,小波斯猫毛毛蹿到了我的肩上和头上。一刹那间,摄影家魏德运先生万分警觉地捕捉住了这个战机。一刹那间,只听到照相机喀嚓一声,这个刹那便成了永恒。

这是摄影家魏德运先生无意中拍摄的一幅杰作。只在我的书房里摆了几天;凡是看到的人无不同声赞叹,高度颂扬。百花文艺出版社的两位同志说,这样的照片全国任何报章杂志都会争着刊登。一位甘肃省来的同志则说,把这样的摄影杰作拿到世界大赛上去也会夺得金牌。

我自己对照相完全是个门外汉,生平自己没有动手照过一张相。现在面对这一张照片,十分困惑。照片上小猫和我活灵活现,决无可疑。然而我却想问:这就是我吗?小猫的突然袭击,按理说,应该让我大吃一惊,或者大火一番;然而,在照片上,我却安详慈祥,一副含笑不露而看上去却是笑眯眯的面部表情,显然这一次突然袭击带给我了莫大的欢愉。你说是难解吗?也可能是的。但是,经过我自己的反思,这却实在非常容易解释。对于中国几千年来传统的"天人合一"的思想(按照我的新解),我深信不疑。这种思想最准确生动的表达方式,就是宋代大哲学家张载的两句话:"民,吾同胞;物,吾与也。""与"字在这里是"伙伴"的意思。我不但相信,而且"笃行之"——至少在潜意识里是这样。平常人们说笃行,尽管口若悬河,其实往往是靠不住。必须猝然临之,方能露出真面目。

在中国和西方国家，都有不少爱宠物的人。他们宠爱某一种动物，各有各的目的，各有各的动机，同我是不会一样的。

魏德运先生还给我拍了一些其他的照片。在中国，手工技术、美术等等行当，一向有"匠"与"家"之分。一个画家同一个画匠，决不是一码事。匠，不管他技术多么高，只能做到"形似"；而家，则能做到"神似"。这个"神"在这里是关键。怎样才能抓住对象的神呢？只靠技术是办不到的。他必须具有深刻的观察力，具有高超的悟性，能犀照对象灵魂深处，然后才能准确无误地抓住对象的神。匠与家的分界线，也就在这一点上。

魏德运先生是一个真正的摄影家。

1998年1月21日

《舞论集》序

叶宁裒其多年来所写关于舞蹈的文章，编为一集，名之曰《舞论集》，索序于我。这是对我最大的信任，也是最大的光荣。我义不容辞。但是却碰到了最大的困难：我是舞蹈盲。

常言道：笨鸟先飞。我确是一只笨鸟，但事实上却先飞不了，只能后飞。因为我拿到稿子后才能飞。而拿到稿子后必须先读，读则需要眼睛，而我的眼睛偏偏出了个不大不小的问题，一只眼睛动了白内障手术，一只没动。于是两只眼睛天天闹矛盾，不合作。我只能戴上高度的老花眼镜，再加上放大镜，才能勉强看书写字。其中情况，实不足为外人道也。在这样的情况下，连爬都困难，哪里还谈到飞？

我还想努力尽量多读几篇，临时把佛脚抱牢一点，把完全外行改变为半个外行，免得写序时说些倒三不着两的话，贻笑方家。这本来是出于私心的，私心有时也能产生动力。于是我就佩戴上全副武装，艰难困苦地向前爬着，仔仔细细地读了起来。

然而我却万万没有想到，我意想中的苦事却一下子变成了乐事。我知道自己眼前心力和目力都已经不行了。几年前，我还敢发大言："老骥伏枥，志在万里。"现在，不但"万里"不敢谈，连"千里""百里"都不敢谈，只敢谈"志在眼前"了。在这样的情况下，我不敢下定决心，把全稿每篇文章都一一读毕。我只选了与舞蹈美学有关的几篇文章，先读起来。因为我最近忽发奇想，常常考虑一点与美学有关的问题，当然仍走不出"野狐"的范畴。我前不久写过"一篇怪论"《美学的根本转型》，不久当能刊出。现在一看到叶宁的舞蹈美学的论文，当然会以先睹为快。读这些文章，随时都能碰到精金美玉，琳琅满目。自己眼力之不济，心力之不逮，统统忘掉了。难道这还不是最大的乐事吗？

叶宁介绍了中国古代的与舞蹈有关的美学理论，介绍了古希腊的理论，介绍了古印度的理论，这些理论各有所长，各有所专，对比研究，相映成趣，增长了我们的知识，扩大了我们的眼界。为了说得准确起见，我想暂时做一个"文抄公"，从叶宁的原作中抄一些话："中国、印度和希腊，可以说是东西方文化（包括舞蹈文化）的三大鼻祖。……比较这三个古老民族的舞蹈文化，对于我们考察以后各个历史时期的舞蹈美学思想只是一个起点。……中国人勇于'予'，也并不怯于'取'，所以还是自己文化的主人。历史的经验是值得我们重视的。今天我们又处于一个'予'和'取'的大交流时代，我们能否继续成为中华民族舞蹈文化的主人，我们要勇于'取'，还要善于'取'，一方面要'学古变今'，一方面要'学洋为中'，这就必须深刻理解我们自己民族文化（包括舞蹈）的美学上的特征，立足于时代，精心于创造，任何投机取巧、走捷径的办法都是走不通的。让我们永远成为中华民族舞蹈文化的主人。"这些话说得何等好啊！用不着再做什么解释，大家都一清二楚了。

叶宁在这里讲到了舞蹈，也讲到了美学。二者我都不是内行。但是，正如我在上面说过的那样，我"老年忽发少年狂"，经常考虑一些美学的问题。据说现在美学界遇到了困难，有人竟谈到美学需要"转型"。我读过几篇这样的文章以后，忽发奇想，写了上面提到的那一篇"怪论"。我个人其实觉得并不"怪"的。我认为，所谓"美学"就是研究美的学问。根据我个人多年的观察，东西方之所谓"美"，既然同为人类，就必有其共同之处；但是，既然有东有西，就必有其不同之处。我近年来考虑东西文化，多着眼其不同之处。这并非出于我的好辩，我不得已也。

其他不同之处暂且不谈，现在专谈美。按照西方诸语言中"美学"这个词儿的语源，它指的是感官的美感享受之学。感官，一般都认为五个，即眼、耳、鼻、舌、身，中国如此，印度也是如此。可是西方美学谈的却只限于眼和耳。雕塑、绘画、建筑风格等等，都属于眼。音乐属于耳。西方美学家只谈眼和耳，别的几官从来不涉及，这实际上是不全面的。但是，美学在中国是一个"舶来品"，中国美学家跟在西方同行的身后，相与喧争：美是客观的呢？还是主观的？抑或是主客观相结合的？喧争不休，只能碰壁，于是就来了"转型"问题。

据我个人的浅见，这颇有点庸人自扰的味道。关键在于没有分清，东西方人心目中之美是并不完全一样的。叶宁文章中已经提到，汉文"美"字属于羊部。美，羊大也。羊大了肉就美。中国的"美"实际上是从舌头这一官开始的。我们现在天天说"美味佳肴"，到处都有"美食城"。但在西方，形容食品好吃，却决不能用"美"字，关于这一点，懂点外语的人都会知道的。

叶宁文章中已经提到，舞蹈与音乐往往是不能分的，二者都属于眼和耳的审美对象，这一点完全同西方美学的研究对象是相同的。至于东西方舞蹈理论的不同，叶宁文章中也有精辟简要的论断：西方主再现，中国主表现。但是，作为一个舞蹈的外行，我脑海里总有一个问题：既然东西方对美的看法不同，在舞蹈上这种不同有没有呢？如果有，又表现在什么地方呢？这些问题，我觉得，特别是目前，很有探讨研究的必要。

在中国人文社会科学界这个圈子里，常常有人说到，在世界学坛上听不到中国的声音。在属于人文社会科学这个范畴的许多学科中，新学说风起云涌，日新月异。有的有些道理，能够持之有故，言之成理。因此存在的时间长一点。有的看不出什么道理，命运是"蟪蛄不知春秋"。我曾套用赵翼的诗："江山年有才人出，各领风骚数十天。"然而泱泱大国的中国却成了"无声的中国"。此理之至难明者。某一些中国人安之若素，视为当然。我实在忍不下这一口"鸟气"。我只有呼吁中国有能力、有志气的学者们，振奋起来，努力学习，多一点骨气，少一点"贾桂精神"，使中国在国际学坛上也发出声音，一变而为"有声的中国"。岂不猗欤盛哉！

不言而喻，做到这一步是十分困难的。想来尝试一下的学者们，必须具有广阔的胸怀、渊博的学识，能融会中西，会合今古，又要有勇气提出新说。我们决不是排外，也决不是藐视西方。西方的好东西，甚至包括那些转瞬即逝的"新"学说，我们都要研究学习。但不是跪在地上学，而是挺起身来学。不存任何偏见，唯真理是务。我认为，在中国人文社会科学界，如果真能出这样一些人的话，我们中国的人文社会科学，在外国学者眼中，必将大为改观了。

专就舞蹈美学理论而言，我看，叶宁是有这个能力的。这一点从她收入本集的论文中完全可以看得出来。这决不是我一个人的无稽之谈。望叶宁好自为之。

这就算是我这个"槛外人"的序。

1997年9月15日

《彭松书法集》序

书法，可以说是中国独有的艺术。日本自古迄今也是讲究书法的，自唐代起就名家辈出。这显然是受了中国的影响。我在这里讲"受影响"，毫无贬意，日本受了中国的影响，自己也有所创新，有所发展，这是日本书法家最受人称赞之处。在几十年前，中国视古代文化如粪土的时期，我看了日本书法，曾感慨备至，"惊呼热中肠"觉得我们将要"礼失而求诸野"了。幸而在改革开放以来，书法又受到青睐。老中青三代书法家，发奋图强，重振当年雄风。我所担心的尴尬局面未能出现，这是我垂暮之年最感欣慰的乐事之一。幸亏天老爷赐我以长寿，否则真要抱恨终天了。

中国的书法妙处何在呢？我不是美学家，更不是书法美学家，不敢赞一辞。古语之："他山之石，可以攻玉。"现在我想借用别人的眼睛，而且是一个外国人的眼睛，来攻中国书法这一块玉。我在将近七十年前在清华读书时，有一个教德文的德国教授，名叫 Guster Eche，中文名是艾克，字锷风，只能说几句简单的汉语，并不认识汉字。有一次，在上课前，我用粉笔在黑板上鬼画符，写了几个汉字，完全是写着玩的，但忘记擦掉。他一走进课堂，不上讲台，两眼直勾勾地瞅着黑板上的那几个字，似乎非常欣赏。下课后，他问是谁写的，我从实招认。他点头微笑，说："我不认识汉字，但我是美学家。我看汉字像看一幅画，只看结构，只看线条，不管含义。"

他这几句简单的话，给了我很大的启发，我从来不是什么书法家，我那黑板字写得也不见得好。但是，艾老师却以一个外国美学家的目光，从字的结构和线条上看出了美。我甚至觉得，不认识汉字的外国美学家，他们看到汉字，不像我们中国人（文盲除外）这样，看到一幅名人的书法，首先意识到的是字或词组的含义，然后才去审美。我觉得，这种审美实际上是搀上了杂质，不能立即得到美的真谛，这会影响到美感享受的。有人或许认为这是怪论，我则深信不疑。

总之，书法同绘画一样，是一种视觉艺术。绘画的作用，在于重现自然，无论是山水、人物，还是花、鸟、虫、鱼，重现时都必然沾染上一些个人感情成分。所以，虽同是一类画家，然而画风各异，决不像照相那样，照出来的都大同小异。书法不在重现自然，而在抒发胸中一股浩然之气，这种气人与人殊，因此王羲之决不同于魏碑，颜真卿决不同于怀素，苏轼决不同于黄庭坚，董其昌大类赵孟頫，清代馆阁体则表现一种富贵气象，像郑板桥那种字体决进不了翰林院，只能到扬州去当"八怪"之一。如果像颜真卿那样的刚烈人物而书法却如赵子昂，这简直是匪夷所思。古人常说：文如其人，我则说：字如其人。这一点恐怕是非信不行的。至于蔡京，严嵩等人，虽亦为书法家，其气并不"浩然"，这应另当别论。

谈到彭松的书法，应当先谈彭松其人。他幼年丧母，虽有同父异母兄姐照顾，但是哪能代替了母爱呢？父亲常年在外奔波谋生，彭松幼年心情之凄凉，概可想见。我六岁离开母亲，冲龄失去母爱的情景，我完全能体会，凄清、悲哀、孤独、无助，但又因年龄过小，有苦说不出。至今已届望九之年，每次想到我那可怜的母亲，仍然泪流满面。将近八十年前，我同

季羡林回到家乡探亲,与儿子季承(左一)、彭松(右一)在大明湖旁合影留念。

彭松青梅竹马，住前后院。我长他六岁，在现在看起来是个小数，在孩提时期，却无疑是个大数。惺惺惜惺惺，我有时会下意识地特别钟爱他。至今回想起来，依然暖在心头。

这话扯得太远了，本来没想说这些话的，写到这里，情不由己，顺便流了出来，也许是无伤大雅吧。再回头说彭松。幼年他家庭极端贫困，完全靠自己的努力受到了正规的高等教育。但是他在九个堂兄弟姊妹中，禀赋最高。他父亲一生沉浮下僚，却有绘画和书法的天才。他的艺术生理基因遗传给了彭松。彭松一生所走过的道路，曲折坎坷，每一步都出人意料；但是，他能书善画，对我来说，却是既出意料，又在意内。他有此禀赋，不管走多少弯路，最终还总会走到这条道上来，这是完全可以理解的。

我在上面已经说过，我既非书法家，也非美学家，不过平生看的书法绘画，为数颇多。古今中外，都有所涉猎。积之既久，自谓颇养成了一点鉴赏能力，能辨美丑，分善劣。看了彭松的书法，浑厚凝重，而又气韵生动，笔酣墨饱时，仿佛能力透纸背，震撼人心。我这个外行人，只能说这样几句外行话。我现在引用一位真正内行名家的意见，这就是著名书画家黄苗子先生，他对彭松的书法给了极高的评价，这当然是绝对可靠的了。

彭松淡泊名利，从不以书法招摇。现在要出这样一本书法集，索序于我。我认为这是当仁不让的事，所以不避谫陋，写了这一篇序。

1999 年 2 月 19 日

喜看新疆石窟壁画展览

去年夏天,是我一生最幸福的一个夏天。我南走黄山,探宇宙之神奇;西至敦煌、新疆,穷艺苑之妙境。普天之下,竟有这样的好地方,深感生为一个中国人是很幸福的。现在,"新疆石窟壁画展览"又在北京展出了。我应邀赶去参观,重温了一番旧梦,幸福之感,与日弥增。

我常说,新疆和敦煌都是中国的宝地,也可以说是世界的宝地。古代世界上的几大文明,都来这里汇合:中国的、印度的、伊朗的、希腊的,后来又来了阿拉伯的,汇在一起,开出了奇妙的花朵。世界上几个大宗教也都来这里汇合:佛教、伊斯兰教、摩尼教、景教、拜火教、基督教。世界上不同的文学艺术流派、不同的语言、不同的科学传统、不同的民族、不同的风俗习惯,无不来这里汇合。这些都相当明晰地反映在各自文化的传统上,相互促进了文化艺术的发展。这地方当然也是商业交通、外交往来的要道,有名的"丝绸之路"就横贯这个地区。现在展出壁画的几个石窟寺,都处在"丝绸之路"的两边,可见古代宗教与商业关系之密切。这一条"丝绸之路",实际上是古代东方和西方的一条大动脉。如果没有这样一条动脉,我们很难想象今天各国的发展会成为一个什么样子。

我说"艺苑之妙境",是简单的概括。实际上,在宗教和艺术的背后,有更深刻的意义在。首先,这些艺术妙品是我们新疆各兄弟民族共同的创造,它充分体现了我们这些民族团结合作的精神。其次，宗教只是一个表面现象，随着宗教而来的是其他有价值的人间的东西。最重要的还是，这些壁画显示了我们中华民族的一个突出的特点：我们既能无私地慷慨地赠予，我们也能有选择地巧妙地接受。我们中国人的丝绸、纸张、造纸术、印刷术等等不是都沿着"丝绸之路"传到了南亚、西亚、中亚和欧洲各国了吗？这对世界文明的发展起了不可估量的作用。这一点是举世公认的。但是同时我们也学习了不少的东西。仅拿壁画一项来说，故事内容很多固然都是外来的，以画风而论，外来的痕迹不也昭然可见吗？我们把这些外来的东西融会贯通，创造出来了灿烂的文明。这一点也是举世公认的。

在我们当前努力实现四个现代化这一伟大事业中，我相信，我们民族的这个特点一定会发扬光大。我们今天参观这个展览，就不仅仅是看一些临摹的壁画，而且还能看出更深更远更有意义的东西。

1980年4月5日

《世界十大史诗画库》序

　　史诗在文学史上的重要地位，几乎是尽人皆知的。但是，大家想必都还记得，有很长一段时间，西方学者说中国没有史诗。一些中国学者也从而附和之。其中有西方人的偏见；但也有我们中国方面对自己的民族文学遗产了解得还不够这个原因。感谢我国的民族文学研究专家们，他们陆续发现了几部中国史诗，无论是从长度来看，还是从内容的丰富深刻来看，都不比西方的史诗逊色，有些地方甚至超过之。

　　史诗同神话有密切联系。马克思有一句名言：希腊神话具有永恒的魅力。换句话说，史诗具有永恒的魅力。这里就有了问题。一些学者不是热衷于宣传"江山代有才人出，各领风骚数百年"吗？如果这两句诗能成立，哪里能有什么"永恒的魅力"呢？但是，实践是检验真理的唯一标准。中西史诗都在人民群众中扎下了根，至今仍以不同的形式流行于各自国家的民间，而且还传到国外去。这就是实践，它检验出来的真理是：史诗具有永恒的魅力。

　　文艺是有国界而又无国界的。在最初，文艺必须产生在一个国家或地区内，这就是有国界。但是，一旦产生，就必然流行与传播。越是好的文艺，流行就越广。坏的文艺则是蟪蛄不知春秋。好文艺流行的速度之快和地域之广是十分惊人的。长江、大河、高山、峻岭，浩瀚的大海、辽阔的沙漠，都阻挡不住。这就是无国界。

文艺为什么会能没有国界呢？从文化交流的规律来看，给予者所给予的东西必须对接受者有用，然后才能被接受。没有用的东西，即使是暂时被接受，迟早会被扬弃的。好的文艺对给予者和接受者来说，都是有用的。因为，正如大家所熟知的那样，好的文艺能增强人的智慧，能陶冶人的性灵，能提高人的精神境界，能满足人的审美需要。这样好的东西，不管它原来产生在什么地方，一旦产生，必然传出国界和民族的界限，被那里的人民所接受。

史诗显然是属于这个范畴的，它在世界上，在人民间，在民族间的广泛流传可以为证。但是，史诗的原文，结构都非常繁复，词藻都非常堆砌，一般人欣赏起来，会有极大的困难。许多国家往往把史诗从结构和内容两个方面加以简化，然后才得以流传。

现在，吉林省摄影出版社，独具慧眼，把中外的十大史诗，用文字说明和图画并举的形式，编成了这一套《世界十大史诗画库》，主要是想对少年儿童进行教育。十大史诗中中国占了三部，这样就纠正了过去的偏颇，同时又弘扬中华文化的优秀传统。我相信，它必然会受到广泛的欢迎的，在欣慰之余，写了这一篇短序。

1994年2月6日

《敦煌佛画》序言

敦煌壁画，彪炳寰宇。其内容几皆与佛教有关。以淳朴超凡之绘画艺术，表现幽深玄远之佛陀教义，融艺术与宗教为一体，使观赏者既能获得高尚之审美享受，又能深味佛教奥义，一举两得，遂成为中国以及世界之艺术瑰宝。中国近代绘画大师，如张大千、常书鸿等，皆亲往敦煌，临摹壁画，为中国艺术界开一新天地。书鸿先生又终生留居敦煌，成为"敦煌之保护神"，艺坛传为佳话，士林流为美谈，至今未已。

汤君黎健，才华逾恒，英姿焕发，既耽内典，又擅丹青，其能融佛教与艺术为一体者正与敦煌壁画同。其向往敦煌，自在意中。曾两次追随光贤遗踪，亲往敦煌，临摹观赏敦煌佛画，从而画艺日臻完美。其所作佛画曾展览于国内外众多地区与城市，为众多收藏家与博物馆所收藏，蜚声画坛，腾誉士林，为祖国增光。

专就绘画艺术而言，汤君亦多有创新之处。中西绘画，其内容固多有所不同，而材料之不同尤为突出，西方绘画以油画为主，以油彩涂于墙壁、画板或画布之上。而中国则迥异其趣。唐宋多用绢，其后则代之以宣纸，后者尤宜表现东方绘画之神韵，非西方所能企及。汤君采用西方油画之技法，施之于中国宣纸上，融会天成，可谓戛戛独造矣，遂在中国近代绘画史上大放异彩。抑尤有进者。敦煌壁画，初成之时，必然鲜艳照人。但经受千百年风沙之侵袭，今日已多剥蚀，色彩亦日趋暗淡。汤君利用其独特之技法，既能表现昔日之神髓，又能显现今日之实况，令人叹为观止矣。

环顾今日之大千世界，几处狼烟，几处烽火，强凌弱，众暴寡，导弹与炸弹齐飞，阴谋与阳谋共举，芸芸众生企盼之和平与安乐，宛如镜中花，水中月，可望而不可即矣。有识之士，痛心疾首，扼腕叹息，咸思有以补正之。今汤君之敦煌佛画，隐含佛教普度众生之意蕴，又济之以古朴精妙之艺术技巧，其必能正人心，祛浮躁，大有益于世界和平之建立，可无疑也。予望跂之矣。

不佞于绘画艺术实为槛外人，但又有不能已于言者。值此汤君敦煌佛画在东瀛出版之际，遂不避佛头着粪之讥，聊缀数言，尚祈方家有以教我。

2001年9月15日

《中国飞天艺术》序

在我将近九十年的一生中，三四十年代，正当我二三十岁的时候，我在德国度过了十年，从事梵文、巴利文、吐火罗文佛学典籍的研究工作，涉猎颇广。但是，对于佛教美术，我却没有过多的注意。虽然我的导师 Prof.Dr.Waldschmidt 一方面是一个研究中国新疆出土的佛教典籍的大师，另一方面又是佛教美术的专家，我却只继承了前者的衣钵，对于后者，我只是偶尔欣赏一下而已。

现在，安徽美术出版社画册编辑室主任、油画家傅强先生来到寒舍，要我给他们即将编辑出版的《中国飞天艺术》写一篇序。我在这方面是外行，我多少还有点自知之明，我立即一口回绝，并介绍一位佛教艺术史名家来承担写序的任务。但是傅先生却不同意，并拿出了赵朴初老先生亲笔题写的书名给我看。我马上掂出了这一本书的分量。看来我只有随喜的义务，而没有推卸的余地了。

常识告诉我，一个外行要想向内行方向靠拢，只有一条路可走，就是读书学习。于是我就拿过来傅强先生带给我的一篇文章，郑汝中和台建群两位先生写的《飞天纵横》，仔细阅读起来。这是一篇相当长的文章，把飞天这个艺术形象分析得细致入微，头头是道，从欧洲到印度，从印度到中国，追流溯源，相互对比，真正做到了信而有征。飞天艺术在中国境内的分布情况，叙述得更加详尽。孔子曰："三人行必有我师焉。"

FLYING GANDHARVA FIGURES. Sandstone. From Gwalior State: Gupta. 6th Century, A.D.
Archeological Museum, Gwalior.

季羡林藏乾闼婆、紧那罗飞行明信片。飞天是民族艺术的一个绚丽形象。敦煌飞天从起源上说,即来自乾闼婆与紧那罗。乾闼婆与紧那罗都是佛教的形象,佛教中把化生到净土天界的神庆人物称为"天",在空中飞行的天神称为"飞天"。飞天,就是佛教中称为香音之神的能奏乐、善飞舞,满身异香而美丽的菩萨。

在这方面，他们两位都是我的老师。在这里，我不想得到什么出蓝之誉，因此我对飞天问题本身就不再侈谈什么了。

我眼前集中精力来考虑一个问题：为什么飞天这个艺术形象独独在中国这样流布极广，这样受到人民的喜爱？走在地上的人类大概都想像鸟一样到天空中去逛上一逛，这是自古以来世界上各民族的共同愿望或者幻想。上天的方式东西颇有点不同。西方人比较机械，比较呆板。他们大概认为，没有翅膀是上不了天的，所以给会飞的爱神丘比特装上了翅膀。东方人则认为，没有翅膀也一样能上天。佛经中有 ākāśe' ntarikṣe carati（飞腾虚空翱翔）这样的说法，至于怎样飞腾，并没有说明，反正是没有长上翅膀。到了中国，这种情况就更多了，最著名的一个例子是嫦娥奔月的故事，简直是家喻户晓，无人不知。嫦娥是怎样"奔"的？在中国关于这个题材的诗歌和绘画上，从来没有见到嫦娥身上有翅膀。梅兰芳博士的名剧"嫦娥奔月"，更不见梅博士身上装上翅膀，见到的不过是绸带飞舞，给人以飞翔活动之感而已。从上面说的例子来看，东方人比欧洲人更加潇洒、灵动，不那么机械、呆板。

中国古代的一些文人学士侈谈成仙升天之论，一些在民间最流行的长篇神话小说，比如《封神榜》《西游记》之类，更是满篇神仙。这些神仙来往天空，行动自如。他们身上当然没有翅膀，他们是靠什么在天空中行走呢？中国古人大概认为，要走路，必须站在坚硬的土地上，天空中没有土地；但是，从下面看上去，云彩似乎是固体的东西，在天空中，要站的话，只能站在云彩上，于是就出现了"驾云""腾云驾雾"一类的词儿，神仙与云彩就无法分开了。在《封神榜》《西游记》一类书中，神仙们往往驾祥云在空中行走了。

中国古代还有追求长生不老的想法，特别是中国历史上几位雄才大略的大皇帝都有这一种癖好，秦始皇、汉武帝和唐太宗都有。秦始皇采用的方法大概是阴阳采补。汉武帝是饮仙露，"承露金盘霄汉间"，指的就是这件事。唐太宗则是服长生不老之药，多半是什么矿物。结果都没有成功，都"龙驭上宾"了。这些皇帝可能只是想修炼长生不老之身，留在大地上永远当皇帝，并不想升天。天上哪里会有"后宫佳丽三千人"呢？把阿房宫搬上天去，覆压三百余里，天宫里哪里有这么大的地方呢？老百姓幻想成仙，鸡犬随之升天，天上房价不知每平方米值多少钱，但是容纳一家人和几只鸡犬，总归是有法可想的。

把上面讲的归纳起来，我们可以说，中国古代有一些人有在天空中翱翔的愿望，腾云驾雾毕竟还是一种比较笨拙的办法。正在此时，从印度传入了飞天的艺术，用不着脚踏任何土地而又能飞行自如，多么美妙，多么惬意啊！于是，飞天这种艺术便在中国南北各大洞窟寺庙中流行起来，青出于蓝而胜于蓝，远非印度可比了。

傅强先生这一部研究中国飞天艺术的书出得也正是时候。它一方面有较高的学术价值，能给研究中国美术史以及中印文化交流史的中外学者提供搜罗详备，切实可靠的资料。另一方面又能满足并非学者的中国普通老百姓的审美的需求和愿望，真可谓一举两得，功德无量矣。是为序。

2000 年 1 月 20 日